KB021215

인공지능 윤리로 갓생살기

이성태 윤미선 차규리 성하나

YD 연두에디션
Edition

인공지능 윤리로
갓생살기

발행일 2022년 8월 5일 초판 1쇄
지은이 이성태 · 윤미선 · 차규리 · 성하나
펴낸이 심규남
기 획 염의섭 · 이정선
표 지 최단비 · 김민지 | **본 문** 이경은
펴낸곳 연두에디션
주 소 경기도 고양시 일산동구 동국로 32 동국대학교 산학협력관 608호
등 록 2015년 12월 15일 (제2015-000242호)
전 화 031-932-9896
팩 스 070-8220-5528
ISBN 979-11-92187-64-8 (93000)
정 가 15,000원

인공지능 공존 시대의 도래

프로골퍼가 홀인원을 할 확률은 약 3,000분의 1이라는데, 프로 골퍼도 평생 하기 힘들다는 홀인원을 로봇이 고작 5차례 샷 만에 가뿐히 해냈습니다. 2013년, 벨기에에서 선보인 배드민턴 로봇은 한 팔로 인간의 스매싱을 거침없이 받아내기도 했습니다. 인간 기술로 탄생한 로봇이 인간을 이기기 시작한 것입니다. 그리고 바둑기사 이세돌과 대결했던 알파고만 해도, 바둑 대국에서 무한에 가깝던 경우의 수를 확률적으로 계산해냈습니다. 알파고는 스스로 인식, 추론, 판단하는 딥러닝이라는 기술로 인간의 고유 영역이라 불렸던 직관마저 흉내 내는데 성공했습니다. 직관마저 인공지능AI에게 자리를 내어주는 시대가 열린 것입니다. 인공지능은 우리의 예상보다 높은 수준에 와 있습니다.

" 인공지능 연구는 악마를 소환하는 것과 다름없다."

2013년 10월, 일론 머스크(Elon Musk)

"인공지능은 인류의 종말을 초래할 수도 있다."

스티븐 호킹 박사(Stephen William Hawking)의 경고

"인공지능이 인간의 모든 직업군을 넘볼 것이며,
향후 25년에서 30년 내에 전 세계 일자리의
절반 이상이 사라질 것이다"

미국 과학진흥협회 연례회의에서 과학자들

기계의 인류 지배가 단지 SF영화 속 이야기만이 아니라, 현실이
될 수도 있다는 우려 속에서도 인공지능 기술은 하루가 다르게 변화
하고 발전합니다. 동시에 인간의 힘을 믿고, 인간이기에 지킬 수 있
는 것을 다루는 학문도 활발히 꽃피고 있습니다.

"인간은 모두 죽는다"(대전제)
"소크라테스는 인간이다"(소전제)
"따라서 소크라테스는 죽는다"(결론)

'정언삼단논법'의 기초를 만든 아리스토텔레스의 이름을 더욱
자주 접하게 된 것이 그 예입니다. 철학자로 불린 아리스토텔레스
는 거의 모든 것을 논리적인 규칙으로 설명하길 좋아했습니다. 어찌
보면 그의 논리는 시스템적 사고에 가깝습니다. 그는 인간의 인식은
감각에 의하지 않고 정신의 작용만으로 진리가 추정된다는 원칙을
내세웠습니다. 또한 폴리스 안에서만 비로소 인간일 수 있다고 인간

에 대해 정의를 내렸습니다.

　사람을 위한 기술이 사람을 위협할지도 모른다는 우려를 표현하는 이들, 사람을 위한 기술은 인류를 더욱 편리하게 만들 것이라는 희망을 말하는 이들, 여러분은 어떤 사회의 모습을 생각하시나요? 집단 속에서 인간의 본성이 더 발현된다는 말을 떠올려 보면, 이런 생각이 듭니다.

> 인간은 사회적 동물이다.
> 인공지능은 인간을 위해 태어났다.
> 고로, 인공지능은 사회적 동물이다.

　우리 모두는 이미 '인공지능 공존 시대'를 살고 있습니다. 자라나는 아이들은 인공지능 공존 시대를 넘어 상생 혹은 삶의 분신처럼 여기는 시대를 살아가게 될지도 모를 일입니다. 가랑비에 옷 젖듯 '편리의 기술'의 기술의 형태로 인류의 삶 속으로 비집고 들어온 인공지능.

　우리가 말하는 인공적 진리, 즉 '인간처럼 사고하는 시스템은 이런 아리스토텔레스를 닮아있지 않을까?'라는 질문을 가지고 인공지능에 관심을 가지고 계신 분들과 이 책을 시작하게 되었습니다.

　인공지능과 공존하는 이 시대에, 이 책을 통해 인공지능의 기술을 더 나은 삶을 위해 누리여 갓 생God生하시기를 소망합니다.

2022년 8월
이성태, 윤미선, 차규리, 성하나

차례

Ⅰ 인공지능 공존 사회

Ⅱ 인공지능 윤리 사회

I

인공지능 공존 사회

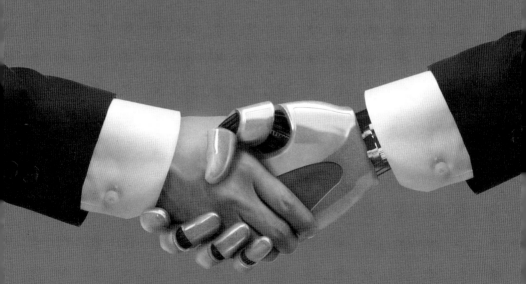

●

"기계도 생각을 할 수 있다"

폰 노이만 (John von Neumann)

"인간은 생각하는 기계다"

마빈 민스키 (Marvin Minsky)

●

첫 번째 이야기

'인공지능 시대의 탄생'
기술적 지능은 어떻게
만들어진 것일까?

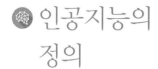

인공지능의
정의

우리가 흔히 'AI'라고 이야기하는 인공지능은 인간의 학습능력과 추론능력, 지각능력, 자연언어의 이해능력 등을 컴퓨터 프로그램으로 실현하는 기술입니다. 스튜어트 러셀(Stuart Russell)과 피터 노빅(Peter Norvig)은 인공지능을 이렇게 정의했습니다.

'Artificial Intelligence: A Modern Approach'에서의 정의

- 인간처럼 생각하는 시스템(인지적 구조와 신경망)
- 인간처럼 행동하는 시스템(언어 처리, 지식 표현, 자동 추론, 학습으로 튜링 시험 통과)
- 합리적으로 생각하는 시스템(논리 풀이, 추론, 최적화)
- 합리적으로 행동하는 시스템(지능적인 소프트웨어 에이전트, 인식, 계획, 추리, 학습, 대화, 의사결정, 행동을 이뤄내는 로봇 구현)

인간처럼 생각하는 시스템, 또 인간처럼 행동하는 시스템, 그리고 이성적으로, 이성적인 것은 합리적이라고 이야기 할 수 있는 이

성적이거나 합리적으로 생각하는 시스템입니다. 또 하나는 이성적으로 행동하고, 생각하는 것입니다. 오늘의 인공지능은 인간처럼 행동하는 시스템을 만듭니다. 4차 산업혁명 시대가 열리면서, 우리의 생활은 조금 더 편해질 것이라는 이야기들이 나왔습니다. 특히, 인공지능을 통해서, 기술을 통해서 조금 더 불균형과 차별에 대한 해소가 가능해질 것이고, 인간과 인공지능이 공존하면서 인간은 조금 더 편해질 것이라는 측면과 그 반대의 이야기가 나왔습니다. 여러 가지 윤리적인 문제가 발생할 것이고, 인공지능이 확대 돼, 로봇이 세상을 지배하는 그런 시대가 오면 인간은 멸망할 것이라는 이야기였습니다.

인공지능에 대한 두려움과 기대의 시선

기대	두려움
• 불균형과 차별에 대한 해소 가능성 • 인간과 공존 시 노동으로부터의 해방 • 인간의 최대 욕망인 생명연장 가능성	• 기계가 인간을 지배하는 세상의 도래 • 적대적이나 범죄조직이 AI를 이용한 폐해 • 인간 정체성 및 존엄성 상실가능성

　　인공지능 기술의 기대와 두려움의 시선 속에서 우리가 본질적으로 고민해 보아야 할 문제가 있습니다. '어떤 기대나 어떤 두려움이나, 누구를 중심으로 보아야 하는가?'입니다. 이것은 곧 사고와 행동 중심에는 '인간'이 있습니다. 인공지능 기술 중심이 아닌 인간 중심으로 놓고 보면 아무런 문제가 발생하지 않을 수도 있다는 말입니다.

🧠 인공지능 특이점 '기술이 인간을 초월하는 순간이 온다'

　　인공지능 이야기를 살펴보면 '특이점'이라는 부분이 있습니다. 구글 기술 이사이자 과학이며 미래 학자이기도 한 레이 커즈와일은 그의 저서 〈특이점이 온다(The Singularity Is Near)〉에서 특이점을 이렇게 정의했습니다. '어느 시점에 오게 되면 인간을 기술이 이길 것이다.'

레이 커즈와일(Ray Kurzweil)

The Singularity Is Near

출처: 구글 이미지 The Singularity Is Near, 2021.01 / 김영사, 「특이점이 온다」 출판 내용 중

즉, 기술이 인간을 초월하는 순간이 온다는 말입니다. 인공지능을 연구하는 사람들은, 그 시기를 2045년 쯤으로 예상하고 있습니다. 하지만 그 근거가 명확하지 않습니다. 지금으로부터 20년 뒤의 세상과 기술이 어떻게 발전할지 모릅니다. 그래서 레이 커즈와일이 말한 특이점, '기술이 인간을 초월하는 순간'에 관한 해석은 현재 진행형으로 이해해야 합니다.

기술의 특이점=기술과 인간의 협업이 이뤄지는 시대에 대한 해석

인공지능의 특이점을 살펴보기 전에 먼저 '기술에 대한 특이점'에 대해 살펴볼 필요가 있습니다. 기술의 특이점이란, 사람들이 했던 일들을 기계가 대신하는 순간, 사람이 할 일이 더 이상 없어지는 경우를 말합니다.

컴퓨터 과학자이자 SF 소설가인 베너빈지(Vernor Vinge)는 1981년 발표한 글 〈진정한 이름들 (True Names)〉에서 기술의 특이점을 언급하고, 1993년 기술의 특이점 논문을 발표했습니다. 기술의 특이점은 2005년부터 2030년 사이에 출현할 것이라고 했습니다. 바로, 반도체 때문입니다. 반도체의 집적도 발전 속도에 따라 초인간 지능이 나타날 것이며, 그 시기가 2005~2030년 사이로 예측했습니다. 또한, 1993년 발표한 논문에 따르면 베너빈지는 "인간을 능가하는 지능이 발전을 주도한다면 발전 속도는 훨씬 빨라질 것"이라며 "현재의 우리가 과거의 우리와 완전히 다른 상황으로 접어들 것"이라고 주장하기도 했습니다.

미래학자 레이 커즈와일은 2018년 '제21회 세계지식포럼'에서 유전공학(Genetics), 나노기술(Nanotechnology), 로봇공학(Robotics) 등 이른바 'GNR' 기술에서 급격한 발전이 이뤄지면서 특이점의 시대에 가까워지고 있고, 가장 큰 변화는 우리 인체에서 일어날 것이라고 했습니다. 당시 포럼에서 레이 커즈와일(Ray Kuzweil)이 이런 말을 했습니다.

> "2030년에는 인간의 뇌를 인공지능(AI)과 연결하는
> 인터페이스 기술이 나올 것입니다. 인간의 뇌는 AI와 만나
> 더욱 뛰어난 지능을 갖추게 될 것입니다."

또한, 그의 저서 〈특이점이 온다(The Singularity Is Near)〉에서 '99개 특이점이 99년 안에 올 것이다'고 언급했습니다. 특이점은 우리가 인공지능에 의해서 사람이 멸망하거나 멸종하는 인류 종말을 말하는 것이 아닙니다. 기술의 특이점, 인공지능의 특이점은 인간과 인공지능(기계 또는 소프트웨어)이 결합한 사회가 올 것이라는 내용입니다. 인간과 인공지능이 공존하는 시대, 기술과 인간이 조금 더 협업하고, 인간과 인간이 무엇인가를 나눌 수 있는 시대일 것입니다.

인공지능이 감당해야 할 철학이 있다

'인공지능은 어떤 일들을 해야 될까? 어떤 형태의 철학들을 감

Jean-Gabriel Ganascia

특이점의 신화

당해야 될까?'라는 질문을 던진 이가 있습니다. 〈특이점 신화〉를 쓴 가브리엘 가나시아(Jean-Gabriel Ganascia)입니다. 그는 인공지능 전문가, 철학자, 인지과학자. 파리6대학 정보과학 교수이자 동 대학의 정보학 연구소에서 인지 모델과 기계학습 등 인공지능에 관한 연구팀인 「ACASA」의 수장을 20년 이상에 걸쳐 맡고 있습니다. 가브리엘 가나시아 교수가 던진 질문 속에는 '철학'이라는 단어가 있습니다. 그의 이력에서 소개된 바와 같이 과학자인 동시에 철학자입니다. 공학도가 철학을 함께 전공한 배경에는 부모님의 영향이 있었습니다. 가브리엘 가나시아 부모님은 "대학교에 들어가면 성실하게 공부하거라."라는 말씀을 하셨고, 그 이야기를 듣고 대학에서 철학을 복수전공 했습니다. 철학을 위한 철학이 아닌 기술을 위한 철학의 문은 그렇게 열렸습니다.

> "인공지능 연구는 악마를 소환하는 것과 다름없다."
>
> 2013년 10월, 일론 머스크(Elon Musk)

"인공지능은 인류의 종말을 초래할 수도 있다."

스티븐호킹 박사(Stephen William Hawking)의 경고

"인공지능이 인간의 모든 직업군을 넘볼 것이며, 향후 25년에서
30년 내에 전 세계 일자리의 절반 이상이 사라질 것이다"

미국 과학진흥협회 연례회의에서 과학자들

인공지능 기술 발전이 인류 행복한 꿈과는 다른 방향이 될 수 있다는 비관론이 나오고 있는 상황에서 가브리엘 가나시아 교수같은 철학자이자 과학자인 이들의 역할이 중요해졌습니다.

가브리엘 가나시아 교수는 반복해서 우리에게 「개연성이 높은 냉정한 논의를 하자」라는 극히 정통적인 메시지를 던집니다. 이는 그의 저서 〈이제 슬슬, 인공지능의 진실을 이야기하자 /하야카와 쇼보〉를 통해 엿볼 수 있습니다. 그는 과학 시대에 있어서 미래를 논할 때는 다음의 3가지 개념으로 구별한다고 하였습니다.

▨ 가브리엘 가나시아'의 '미래를 논하는 3가지 개념'

---

1) 개연성(Probability)
   반드시 확실하지는 않지만 어떤 사건이 일어날 확률이 높다.

2) 가능성(Possibility)
   어떤 사건이 일어날 가능성은 있지만 실현되리라 보장된 것도아니다.

3) 신빙성(Plausibility)
   많은 사람이 일어날 것이라고 생각은 하고 있지만 그에 대한 개연성도, 가능성도 없다.

인공지능은 '반드시 확실하지 않지만 어떤 사건이 일어날 확률이 높다'라고 합니다. 어떤 사건이 일어날 수도 있을 것이라는 개연성이 있지만, 실현되리라는 보장된 것도 아닌 가능성이 있는 것, 그것이 바로 '인공지능'이라고 했습니다. 그리고 마지막으로 많은 사람들이 그런 일들이 일어날 것으로 생각을 하고 있지만 그에 대한 어떤 개연성이라든가 가능성도 없다는 신빙성을 언급했습니다. 일어날 확률이 높은 순으로 나열하면 '개연성 > 가능성 > 신빙성'의 순서입니다. 즉, '개연성'이 높은 논의야말로 냉정한 논의라 볼 수 있다는 것입니다. 또한, '개연성 있는 사건이 일어날 수도 있지만, 확실하지는 않고. 많은 사람들이 생각은 하지만 그 생각에는 개연성도 가능성도 없다!' 인공지능 연구 분야의 대가인 가브리엘 가나시아 교수의 이야기를 통해 본 내용은 굉장히 모호합니다. 하지만, 인공지능을 우리가 살고 있는 세상에 비교하면 그의 논리가 더 쉽게 이해됩니다.

우리는 불완전한(불확실한) 세상에 살고 있다.
인공지능은 우리와 공존한다.
인공지능은 불완전한 세상에 살고 있다.

그렇기에, 인류가 인공지능과 공존할 경우, 완벽한 것이 아니라 계속해서 협의점을 찾아가는 그런 역할 속에서 우리는 살고 있습니다. 벌어질 수 있는 일에 대한 상상은 해 볼 수 있지만, 과연 그것들이 어떤 형태로 어떻게 실현할 수 있을지는 미지수이기에, 우리가 모두 고민할 필요성이 있습니다. 그렇기에 가브리엘 가나시아 교수가 말하는 '개연성'은 다가올 시대에 대한 희망의 메시지가 될 것입니다.

반드시 확실하지는 않지만, 어떤 사건이 일어날 확률이 높다
인공지능은 우리와 공존한다.
인공지능은 어떤 사건이 일어날 확률이 높다

이것이 사건 사고와 관련된 부정적 요소를 최소로 낮춰, 인공지능 공존의 시대에 인간과 인공지능이 함께 살아가는 희망적 방향으로 가능성을 높인다면 말입니다.

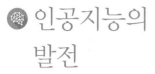 인공지능의 발전

인공지능의 기틀을 마련한 '존 매카시'

존 매카시(John McCarthy)가 최초로 인공지능에 대한 용어를 사용했습니다. 그는 LISP(인공지능 소프트웨어를 만들기 위하여 사용하는 프로그래밍 언어 중 하나였으나, 현재는 사용하지 않음)이라는 언어로 인공지능

존 매카시(John McCarthy)

1927년 9월 4일 - 2011년 10월 24일

미국의 컴퓨터공학자이자 인지과학자

1956년 다트머스 대학 학회에서 처음으로 인공지능(Artificial Intelligence)이라는 용어를 창안.

1958년 람다 대수를 이용해 LISP (리스프)라는 프로그래밍 언어를 만듦.

1960년 미국 매사추세츠공과대학(MIT) 연구팀과 함께 LISP 발표

1971년 인공지능에 대한 연구 업적을 인정받아 컴퓨터공학계의 노벨상으로 일컫는 튜링상 수상.

출처 : 두산백과

John McCarthy

에 대한 이야기를 최초로 꺼낸 인물입니다.

1956년 세계적인 전산학자들과 함께 진행한 다트머스 대학 학회에서, 존 매카시가 '인공지능' 이라는 용어를 처음으로 만들었으며, 인공지능을 '고도의 지능을 가진 컴퓨터 디바이스를 만들기 위한 과학과 공학' 으로 정의했습니다.

존 매카시(John McCarthy)가 말하는 인공지능은 별도의 시스템이 아니며, 별도의 하드웨어가 아니었습니다. 인공지능은 컴퓨터 안에서 일어나는 하나의 메커니즘이며, 하나의 소프트웨어라고 했습니다. 인공지능이 가진 메커니즘을 통해서 인간에 대한 해석이나, 인간이 가지고 있는 여러 가지 생각들을 도출해 낼 수 있다고 본 것입니다.

또한, 그가 연구 발표한 리스프(Lisp) 프로그래밍(LISP)은 자료구조의 하나로 순서가 매겨진 0개 이상의 원소들의 집합 형태로 된 데이터를 처리하도록 설계되었습니다. 이 방법은 프로그램이 데이터처럼 취급되는 것이 특징으로, 프로그램과 자료가 같은 형태이기 때문에 자료구조가 프로그램처럼 시행됩니다. 프로그램이 자료처럼 연산 될 수도 있고, 기본자료구조가 연결리스트(linked list)를 사용하여 일반적인 연산을 수행합니다. 따라서 여러 개의 명제를 모아서 하나의 지식데이터를 형성하고, 필요한 지식을 찾아서 사용하는 일에 알맞게 설계된 언어라고 할 수 있습니다. 존 매카시(John McCarthy)는 '지식은 반드시 명백한 문장을 사용하여 논리적으로 표현될 수 있어야 한다.'고 개념을 말했습니다. '명백한 문장'의 중요성은 논리에 기반한 접근이어야 한다는 것이 주 내용입니다.

존 매카시(John McCarthy)는 스탠퍼드 인공지능 연구소 (Stanford

Artificial Intelligence Laboratory, SAIL)를 설립한 인물이기도 합니다. 1965년 스탠퍼드 인공지능 연구소를 세우고, 인공지능(AI) 미래를 설계했습니다. 창립부터 지금까지 스탠퍼드 인공지능 연구소는 인공지능과 관계된 연구를 많이 진행했으며, 이 연구소에서 진행된 대표적인 인공지능(AI) 연구는 기계 지능, 자율주행 차량, 그래픽 인터랙티브 컴퓨팅 등이 있습니다. 그래서 인공지능(AI) 연구 분야에서 존 매카시(John McCarthy)는 중요한 인물입니다.

머신러닝을 처음 사용한 '아서 새뮤얼'

머신러닝(machine learning)이란, 기계학습이라도 하며, 말 그대로 컴퓨터(기계)가 학습할 수 있도록 하는 알고리즘과 기술을 개발하는 분야를 뜻합니다. 이 개념은 1959년, IBM R&D 저널에서 아서 사무엘(Arthur Lee Samuel)이 처음 사용했습니다. 기계 학습을 "기계가 일

아서 새뮤얼(Arthur Lee Samuel)
1901년 12월 5일 ~ 1990년 7월 29일
컴퓨터 게임 및 인공 지능 분야의 미국 개척자
1959년 머신러닝 정의
IBM 최초의 상용 컴퓨터
IBM 701 에서 최초의 체커 프로그램을 만듦
1987년 IEEE 컴퓨터 학회로부터 '컴퓨터 개척자 상' 수상

출처: 위키백과

Arthur Lee Samuel

일이 코드로 명시하지 않은 동작을 데이터로부터 학습하여 실행할 수 있도록 하는 알고리즘을 개발하는 연구 분야"라고 정의했습니다.

아서 새뮤얼(Arthur Lee Samuel)이 머신러닝(machine learning)을 세상에 내놓은 방식은 게임이었습니다. 실제 최초의 성공적인 자기 학습 프로그램을 만들어 세상에 내놓았습니다. 그가 1959년, IBM R&D 저널에서 처음 정의를 내릴 수 있었던 배경에는 IBM이 있었습니다. 아서 새뮤얼(Arthur Lee Samuel)은 세계 2차대전이 끝나고, 1949년 뉴욕 포킵시에 있는 IBM에 입사했습니다. 그 후, IBM 최초의 상용 컴퓨터인 IBM 701에서 최초의 체커 프로그램을 만들었습니다. 아서 새뮤얼(Arthur Lee Samuel)은 체커 프로그램은 인공지능을 통해서 컴퓨터가 학습할 수 있는 능력을 부여한 것입니다. 알려진 바에 의하면, 아서 새뮤얼(Arthur Lee Samuel)은 사실 체커 게임을 잘 두지 못했다고 합니다. 그가 해낸 것은 컴퓨터가 수많은 게임을 통해 어느 위치에 있으면 이기는 경우가 많아지는지를 분석했고, 프로

머신러닝(machine learning) 정의

아서 새뮤얼(Arthur Lee Samuel)	톰 미첼(Tom Mitchell)
1959년 기계가 명시적으로 프로그램이 작성되지 않아도 컴퓨터가 스스로 학습할 수 있는 능력을 제공하는 학문 'Machine Learning is a field of study that gives computers the ability to learn without being explicitly programmed'	1988년 컴퓨터가 어떤 작업(T)를 하는데 있어서 경험(E)로부터 학습하여 성능에 대한 측정(P)를 향상시키는 학문 A computer program is said to learn from experience E with respect to some task T and some performance measure P, if its performance on t, as measured by P, improves with experience E

그램이 이기는 방법을 스스로 학습하게 한 것입니다. 그렇게 스스로 학습한 컴퓨터는 아서 새뮤얼(Arthur Lee Samuel)도 이길 수 없는 수준의 강자가 되었습니다.

이후, 머신러닝의 정의는 1988년 카네기 멜런대학의 톰 미첼(Tom Mitchell)이 다시 한번 정의했습니다. 최근 들어 톰 미첼의 정의를 더 많이 사용하고 있습니다.

머신러닝은 아서 새뮤얼(Arthur Lee Samuel)의 정의로 시작된 1950년대부터 80~90년대까지 큰 발전이 없이 답보 상태였습니다. 그러다 2000년대 중반에 들어와서 급격한 발전이 이루었습니다. 사물인터넷이 활성화되면 가장 두드러지는 현상은 엄청난 데이터가 발생하게 됩니다. 이 빅데이터를 이용하여 학습할 데이터들을 사전 처리하여 최적화함으로써 학습효과를 극대화하면 실용화가 가능한 기계학습 결과가 나오기 때문입니다. 머신러닝 알고리즘(Machine Learning Algorithms)은 지도 학습(Supervised Learning) 비지도 학습(Unsupervised Learning) 강화 학습(Reinforcement Learning) 추천 시스

머신러닝(machine learning) 알고리즘

지도학습(supervised)	입력과 이에 대응하는 미리 알려진 출력 (인간 전문가 제공)을 매핑(mapping)하는 함수를 학습하는 과정
비지도 학습(unsupervised)	출력 없이 입력만으로 모델을 구축하여 학습 일반적으로 데이터마이닝의 대부분의 기법
강화 학습(reinforcement)	학습자가 행동을 선택하여 행동으로 환경에 영향을 미치고, 이에 대한 피드백으로 보상치를 학습 알고리즘의 가이드로 사용

템(Recommender System) 등으로 이뤄져 있습니다.

　이런 알고리즘은 기계가 데이터를 학습하고 훈련하는 방식의 훈련 데이터(Training Data)를 통해 예측할 수 있는 것에 초점을 두고 있습니다. 머신러닝 기술은 우리가 익숙하게 사용 기술이기도 합니다. 바로, 이메일에 머신러닝 즉 기계학습이 구현돼 있습니다. 기계학습을 통해 수신한 이메일이 스팸인지 아닌지를 구분할 수 있도록 훈련하는 것입니다. 데이터를 가지고 기계에서 학습 시켰더니 정확한 답을 하고, 그 단계를 뛰어넘어서 자료만 있으면 기계 스스로 알아서 학습하는 수준에 이르렀습니다.

인공신경망 연구의 선두주자 '프랭크 로젠블랫'

　머신러닝(machine learning)의 기본단위가 되는 개념이 있습니다. 이를 '퍼셉트론(perceptron)'이라 합니다. 쉽게 말하면, 뇌의 학습 기능을 모델화한 기계입니다. 사람의 두뇌는 세 가지로 구분할 수 있는데, 생각을 하는 부분, 감정적인 부분, 표현하는 부분 등 여러 가지 형태로 인간의 두뇌들을 이야기를 할 수 있습니다. 생물학적 신경망에서 얻은 영감을 '컴퓨터의 통계적인 알고리즘을 통해서 내가 원하는 결과들을 도출해 낼 수 있지 않을까?'라고 시작했던 연구가 인공신경망에 해당합니다. 그리고 이 개념을 최초로 발표한 사람은 심리학자이자 신경생물학자 프랭크 로젠블랫(Frank Rosenblatt)이었습니다.

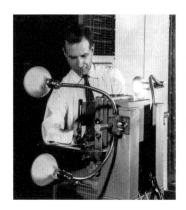

프랭크 로젠블랫(Frank Rosenblatt)

1928년 7월 11일 ~1971년 7월 11일
심리학을 전공한 신경생물학자이자
퍼셉트론(Perceptron)을 개발
마빈 민스키와 라이벌 구도를 형성하며
기호주의(민스키)와 연결주의(로젠블랫)로 나뉘어 이론 싸움을
벌임

출처 : 두산백과

Frank Rosenblatt

1956년 하버드대 학생이던 마빈 민스키(Marvin Lee Minsky) 등의 주도로 새로운 학문이 출범했습니다. 사람이 문제를 해결할 때의 마음과 컴퓨터가 프로그램을 처리할 때의 조작이 비슷하다고 전제한 내용이었습니다. 이는 사람처럼 지능을 가진 컴퓨터 프로그램 개발을 시도한다는 목적이었는데요, "인간의 지식을 기호화해 컴퓨터에 입력하면 사람과 똑같은 출력을 내줄 것"이라는 '기호주의'를 주창했습니다. 하지만, 1957년그와 고등학교 동기인 프랭크 로젠블랫(Frank Rosenblatt)이 등장했습니다. 프랭크 로젠블랫(Frank Rosenblatt)은 "컴퓨터도 인간 뇌의 신경망처럼 학습시키면 근삿값을 출력할 수 있다"는 '퍼셉트론'을 발표했습니다. 이는 맥클록과 피츠가 시작한 원시적 인공신경망 '퍼셉트론 이론'에 '학습'이라는 개념을 추가했습니다. 실제로 생물학적 신경망 내에서 반복적인 시그널이 발생할 때 신경세포들은 그 시그널을 기억하는 일종의 학습효과가 있는데, 이를 가중치를 이용하여 인공신경망에 구현한 것이 퍼셉트론입니다. 프랭크 로젠블랫(Frank Rosenblatt)이 주목한 것은 뉴런들의 연

마빈 민스키(Marvin Lee Minsky)

1927년 8월 9일 ~ 2016년 1월 24일
매사추세츠 공과대학교(MIT)
인공지능 연구소의 공동 설립자
'인공지능의 아버지'로 불림
"인간은 생각하는 기계다."라는 말을 남김
뇌 신경망을 모방해 컴퓨터의 논리회로를 만들면 컴퓨터도 지능을
가질 수 있다고 믿었음
'마음의 사회(The Society of Mind)'와
'감정 기계(The Emotion Machine)' 대표 저서

Marvin Minsky

출처 : 두산백과

결이었습니다. 뉴런(neuron) 연결망의 최소 단위를 '퍼셉트론'이라 정의하며 논리 연산의 시대를 열었습니다. 이른바 '연결주의'라 정리되는 인공신경망의 대표적 예로 '알파고(AlphaGo)'가 있습니다.

1957년 로젠블랫이 신경망(neural network)을 최초로 실현한 퍼셉트론(Perceptron)은 간단히 설명하면, 인간의 두뇌를 모방하여 만든 것입니다. 퍼셉트론의 핵심은 신경망이 뇌의 신경세포(뉴런)가 정보를 처리하는 방식을 본떠 설계된 컴퓨터 구조입니다. 따라서 신

인공지능 연구의 두가지 흐름

기호주의 (Symbolism)	연결주의 (Connection)
• 컴퓨터 작동 방식에 맞게 기호와 규칙을 사용하는 규칙 기반(Rule-based) 인공지능 • 간단한 공식으로 운영되는 체스나 장기 같은 프로그램을 만들 때 기호 주의 인공지능이 적용 • 전문가 시스템 분야, 수학적 정리 증명, 게임, 자연어 처리 등의 분야에 응용 • 대표적인 개발자 : 민스키와 매카시	• 뉴런의 연결을 모방한 정보처리 과정을 사용하는 신경망(Neural Network) 기반 인공지능 • 문자 인식, 영상 인식, 음성 인식 등의 패턴 인식에 응용 • 대표적인 개발자 : 프랭크 로젠블럿과 제프리 힌턴

경망은 인공지능과 달리 사람 뇌처럼 학습을 통해 지능을 획득하는 능력을 갖게 된다는 내용을 담고 있습니다. 퍼셉트론은 영문자와 같은 간단한 이미지를 비슷한 것들끼리 스스로 분류해 식별하는 능력을 보여줌에 따라 대단한 선풍을 일으켰습니다. 퍼셉트론의 영향력이 막강해서 수많은 연구진이 인공지능보다는 신경망 쪽에 몰려들었습니다.

하지만, 1969년 MIT 인공지능 연구소의 마빈 민스키(Marvin Minsky)와 페퍼트 세이모어(Papert Seymour)가 강력히 비판하는 사건이 벌어졌습니다. 인공지능을 단순한 자동화 기계로 보지 않고 인간을 닮은 기계로 상상했던 민스키와 세이모어는 프랭크 로젠블랫(Frank Rosenblatt)의 정의를 비판할 수 밖에 없었습니다. 민스키는 1969년 펴낸 '퍼셉트론'이라는 책에서 퍼셉트론의 개념상 한계를 낱낱이 비판했습니다. 그렇게 시작된 민스키(기호주의)와 로젠블랫(연결주의)의 이론 싸움 끝에 프랭크 로젠블랫(Frank Rosenblatt)의 신경망 연구 열기는 급격히 냉각되었습니다. 이 일을 계기로 프랭크 로젠블랫(Frank Rosenblatt)는 연구인력들이 떠나고, 연구자금까지 끊어지며 1971년 자신의 생일날 보트에서 싸늘한 시신으로 발견되었습니다. 누군가는 사고사일 것이라고, 누군가는 자살했을 가능성이 있다고 말하며 프랭크 로젠블랫(Frank Rosenblatt)이 문을 연 신경망 연구는 1980년대 초까지 진전 없이 지나왔습니다. 하지만, 미국 생물 물리학자 존 홉필드 등 극소수 학자들은 끈질기게 신경망 연구를 해온 끝에 1982년 홉필드가 발표한 논문이 계기로 신경망 이론이 다시 활발히 진행될 수 있었습니다.

▨ 인공지능 연구의 선구자들

존 매카시(John McCarthy, '1927 ~ '2011)

- 미국의 전산학자이자 인지과학자
- 1956년 John McCarthy가 Dartmouth 대학 Conference에서 최초로 인공지능 용어를 사용
- 1958년 LISP 프로그래밍 언어 개발(인공지능용 프로그래밍 언어)
- 1971년 튜링상 수상(인공지능에 대한 연구 업적 인정)

아서 새뮤얼(Arthur Samuel, '1901 ~ '1990)

- 컴퓨터 게임 및 인공 지능 분야의 미국 개척자
- 1959년 논문에서 Machine Learning 용어를 처음 사용
- "명시적으로 프로그램을 작성하지 않고 컴퓨터에 학습할 수 있는 능력을 부여하기 위한 연구 분야"
- 2000년대 Deep Learning으로 기계학습의 비약적인 발전

플랭크 로젠블랫(Frank Rosenblatt, '1928 ~ '1971)

- 인공 지능 분야에서 주목할만한 미국 심리학자
- 1958년 인공신경망(ANN: Artificial Neural Network)을 실제로 구현한 Perceptron 이론을 발표
- 400여 개 빛 감지 센서와 512개의 증폭기, 40개 제어 부품으로 8개의 뉴런(Neuron, 신경세포)을 시뮬레이션 함

스튜어스 러셀

- 인간처럼 생각하는 시스템: 의사결정, 문제 해결과 같은 활동, 인간의 사고와 관련된 활동의 자동화
- 인간처럼 행동하는 시스템: 인간이 더 잘 하는 것을 어떻게 하면 컴퓨터가 하게 만들지를 연구하는 것
※ 자동 추론, 지식표현, 자연 언어 처리, 기계학습, 컴퓨터비전, 로보틱스, 자율 주행

※ 한 눈에 보는 인공지능 개발 역사

1943년

워렌 맥클록과 월터피츠,
전기 스위치처럼 켜고 끄는
기초기능의 인공신경망을
그물망 형태로 연결하면
사람의 뇌에서 동작하는
아주 간단한 기능을
흉내낼 수 있음을 증명

1956년

다트머스 회의에서 인공지능 용어
처음 사용. "학습의 모든 면 또는 지능의 다른
모든 특성을 기계로 정밀하게 기술할 수 있고
이를 시뮬레이션 할 수 있다."

1980년

전문가들의 지식과
경험을 데이터베이스화해
의사결정 과정을
프로그래밍화한
'전문가 시스템' 도입.
그러나 관리의 비효율성과
유지·보수의
어려움으로 한계

1950년

앨런 튜링, 기계가 인간과 얼마나
비슷하게 대화할 수 있는지를
기준으로 기계에 지능이 있는지를
판별하는 튜링 테스트 제안

1958년

프랭크 로센블래트,
뇌신경을 모사한 인공신경
뉴런 '퍼셉트론' 제시

1970년

AI 연구가 기대했던 결과를
보여주지 못하자 대규모 투자가
중단되며 암흑기 도래

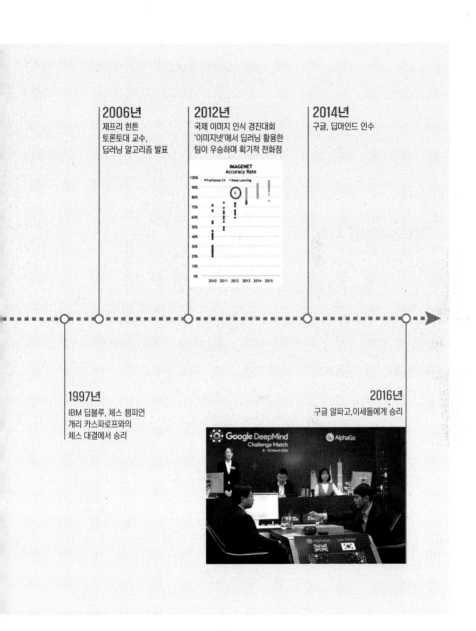

2006년
제프리 힌튼
토론토대 교수,
딥러닝 알고리즘 발표

2012년
국제 이미지 인식 경진대회
'이미지넷'에서 딥러닝 활용한
팀이 우승하며 획기적 전환점

2014년
구글, 딥마인드 인수

1997년
IBM 딥블루, 체스 챔피언
개리 카스파로프와의
체스 대결에서 승리

2016년
구글 알파고, 이세돌에게 승리

인공지능을 키운 8할, '데이터'

인공지능의 시작, 빅데이터 분석

2020 '구글 AI 포럼'에서는 기상 예측(Nowcast)을 주제로 포럼을 진행했습니다. 머신러닝을 통해 날씨 예측의 정확도를 높이려는 연구는 꾸준히 전개되고 있었는데요, 구글이 불과 몇 분의 짧은 시간에 정확한 일기예측이 가능한 AI 시스템의 개발에 활용할 수 있는 연구 성과를 공유한 것입니다. 인공지능(AI)을 활용해 약 5~10분 만에 최대 6시간까지 강수량 등 기상을 예측할 수 있는 모델을 발표했습니다. 우리가 기상 예측에 대한 부분들이 굉장히 민감할 수가 있습니다. 게다가 최근 들어 지구 온난화 현상으로 지구 곳곳에서 벌어지는 기상 이변으로 인한 피해를 최소화하기 위해서는 정확한 관측과 예측이 필요해졌습니다. 이 문제는 인공지능(AI)을 통해서, 데이터를 통해서 할 수 있게 되었다는 내용입니다. 변덕스러운 날씨가 오게 되더라도, 아주 짧은 시간에 정확하게 예측하고 사람들에게 제공해 주는 일이 앞으로는 더 가능해졌습니다. 3시간 이후의 기상 예

보들을 알려주고, 해상에서 벌어지는 기상 변화와 파도의 변화가 정보로 제공되는 시대가 열렸습니다.

지각과 학습, 추론으로 도출되는 '데이터'

우리는 인공지능의 지각과 학습, 추론을 통해 자료를 분석하고 결과를 도출하는 시대를 살고 있습니다. 그리고 이 중에서 가장 근본이 되는 것은 '학습과 추론'입니다. 사람은 학습을 통해서 무엇인가를 예측하고, 어떻게 되리라는 것들을 이야기합니다. 데이터 중심으로 관찰과 가정을 바탕으로 무엇인가 판단합니다. 그렇다면, 인공지능(AI)이 어떤 것을 판단할 때는 무엇이 필요할까요, 인공지능에게 필요한 것은 수학적인 메커니즘이나 알고리즘입니다.

※ 인공지능 학습 및 추론기술

- 다양한 수학적 모델과 확률 기술을 적용하여 학습하고 최적의 예측 값을 도출
- 관찰과 가정을 바탕으로한 판단: 데이터중심(Data- driven)
- 수학과 공학적 방식으로 판단: 알고리즘 중심 (Algorithm-driven)

과학기술정보통신부(과기부)에서 2021년 인공지능(AI) 학습용 데이터 구축사업 공모를 시행했습니다. 2017년부터 시작했으며, 2025년까지 1,300종의 데이터 모집을 목표로 하고 있습니다. 과학기술정보통신부에서 대규모로 학습용 데이터를 구축하는 이유는

간단합니다. 데이터가 인공지능(AI)에서 핵심이기 때문입니다. 인공지능(AI)도 사람처럼 본인에게 이해하기 쉬운 정보를 주면, 이를 학습해서 지능으로 구현하기 쉬워집니다. 이 과정에 다시 등장하는 것이 〈머신러닝(machine learning) 알고리즘〉의 3가지 학습법입니다.

머신러닝(machine learning) 알고리즘

지도학습 (supervised)	입력과 이에 대응하는 미리 알려진 출력 (인간 전문가가 제공)을 매핑(mapping)하는 함수를 학습하는 과정
비지도 학습 (unsupervised)	출력 없이 입력만으로 모델을 구축하여 학습 일반적으로 데이터마이닝의 대부분의 기법
강화 학습 (reinforcement)	학습자가 행동을 선택하여 행동으로 환경에 영향을 미치고, 이에 대한 피드백으로 보상치를 학습 알고리즘의 가이드로 사용

머신러닝과 딥러닝

인공지능(AI) 학습에는 머신러닝(machine learning)과 딥러닝(deep structured learning, deep learning)이 있습니다. 머신 러닝(machine learning)은 경험을 통해 자동으로 개선하는 컴퓨터 알고리즘의 연구로, 컴퓨터가 스스로 학습해서 원하는 결과치를 도출합니다. 딥러닝(deep learning)은 사람의 사고방식을 컴퓨터에 가르치는 기계학습의 한 분야로, 다량의 데이터나 복잡한 자료 속에서 핵심적인 내용을 요약하는 기계 학습 알고리즘 집합입니다. 앞서 이야기 한 인공지능 신경망 구조를 통해서 원하는 결과들을 도출하는 것, 이것이 딥러닝에 해당이 됩니다.

기계학습과 딥러닝 정의

기계학습	딥러닝
컴퓨터가 스스로 학습하여 인공지능의 성능을 향상 시키는 기술 방법 1) 데이터를 분석하고, 분석된 데이터를 통해 학습 2) 학습내용을 기반으로 판단과 예측 3) 인간의 간섭 없이 기계가 학습한 경험을 이용 문제 풀이	인간의 뉴런과 비슷한 인공신경망 방식으로 정보를 처리 1) 인간처럼 학습하고 추론하고자 신경망을 주로 이용 2) 머신러닝을 구현하기 위한 구체적 기술

　　기계학습(machine learning)과 딥러닝(deep learning)을 살펴보겠습니다. 인공지능(AI)에서 구현하는 구체적인 접근 방식은 '기계학습'에 해당됩니다. 인공지능(AI)은 기본적으로 데이터를 가지고 있습니다. 인공지능이 가지고 있는 데이터를 분석하고, 분석한 데이터를 통해서 학습하는 것입니다. '저 사람은 어떤 일들을 이렇게 하더라.'라는 판단을 학습된 내용을 기반으로 판단하고 예측합니다. 그 다음 단계로 인간의 간섭 없이 기계가 학습한 경험을 토대로 문제를 풀어냅니다.

　　딥러닝(deep learning)은 더 쉽게 말해 인간의 두뇌 구조를 수학적인 구조로 모델링을 한 것입니다. 사람이 보고 느끼고 생각할 수 있는 건 뇌세포 수억 개가 얽힌 신경망 때문인데, 인공지능(AI)가 이것을 그대로 모방해 마치 사람처럼 배울 수 있게 됐습니다. 인간의 두뇌하고 똑같은 구조를 만들 순 없지만, 인공지능 신경망을 이용해 인간처럼 학습하고 추론하는 방식입니다. 머신러닝(기계학습)을 구현하기 위한 구체적인 기술, 이것들을 우리가 딥러닝(deep learning)이라고 정의를 할 수 있습니다. 딥러닝 기법들로는 컴퓨터 비전, 음성인식, 자연어 처리, 음성/신호처리 등이 있습니다. 예를 들어, 인공지능(AI)에게 고양이가 뭔지 알려주려면 예전에는 일일이 정보를 입력했어야 하지만, 지금은 고양이 사진만 여러 장 보여주면 인공지능(AI) 스스로 알 수 있습니다. 애플의 '시리', 페이스북의 '페이스북M', 구글의 '챗봇' 등은 모두 딥러닝을 활용한 인공지능 프로그램입니다. 이런 프로그램의 방법은 단순합니다. 인공지능 스피커에 어떤 이야기를 하면, 인공지능 스피커가 알아 듣습니다. 그것이 자연어 처리입니다. 이렇게 인간처럼 말하고 쓸 수 있는 그런 기술, 이게 자연어 처리에 해당합니다. 패턴 인식은 어떤 도형이나 문자나 음성 같은 내용을 식별하고, 식별된 정보를 통해 원하는 결과를 만들어내는 것입니다. 가령, 우리가 어떤 글씨를 쓸 때 사람마다 글씨를 쓰는 획이 있습니다. 그 획을 통해서 이 사람이 쓴 글씨인지 아닌지를 확인하는 것이 딥러닝 기법인 패턴인식입니다.

Marvin Minsky

제프리 에버레스트 힌턴(Geoffrey Everest Hinton)

1947년 12월 6일 ~
영국 출신의 인지심리학자이자 컴퓨터 과학자
캐나다 최고 명문대인 토론토 대학교의 교수로 재직 중
구글의 석학 연구원도 겸임.
오류 역전파법, 딥러닝, 그리고 힌턴 다이어그램을 발명

출처 : 두산백과

인공지능 신경망 연구는 21세기 들어 획기적인 성과를 내놓기 시작했습니다. 캐나다 토론토대 컴퓨터과학자 제프리 에버레스트 힌턴(Geoffrey Everest Hinton)이 딥러닝(deep learning)의 심층신경망(DNN·Deep Neural Network)을 개발했습니다.

제프리 에버레스트 힌턴(Geoffrey Everest Hinton)은 1990년대 후반, 영국 런던대에서 뇌 생리학자들과 개츠비 연구그룹을 조직했었습니다. 그러다 2004년에는 토론토대에서 NCAP(Neural Computation and Adaptive Perception) 프로그램을 만들어 컴퓨터 과학자, 생물학자, 물리학자, 뇌과학자 들과 공동연구를 진행했습니다. 이 모임에는 현재 세계를 이끌고 있는 딥러닝(deep learning)의 나머지 축인 얀 레쿤 뉴욕대 교수와 앤드류 응 스탠퍼드대 교수와 함께 연구 했습니다.

그렇게, 2012년 6월 스탠퍼드대 앤드루 응은 구글과 추진한 딥러닝 프로젝트인 구글 브레인(Google Brain)에서 컴퓨터가 스스로 고양이를 식별하도록 학습시키는 데 성공했습니다. 컴퓨터 프로세서 1만 6,000개와 10억개 이상의 신경망을 사용해 유튜브에 있는 1000만개 이상 동영상 중에서 고양이 사진을 골라낸 연구는 아주 유명한 예입니다.

힌턴 교수는 지난 2013년 자신이 세운 머신러닝 업체 'DNN리서치'가 구글에 인수되면서 구글 인공지능 연구에 합류하며,. 구글나우의 음성 인식, 유튜브 콘텐츠 추천 등 다양한 영역에 머신러닝 기술을 적용하기도 했습니다.

한편 뉴욕대 교수인 얀 레쿤은 얼굴인식 기술의 대가로 알려져 있습니다. 얀 레쿤 교수가 페이스북에 합류하며 2014년 97.25% 정확도로 사람 얼굴을 인식하는 딥러닝 기술인 딥페이스(Deep Face)를 선보였습니다.

또한, 구글이 개발한 바둑 프로그램인 알파고(AlphaGo)는 2015년 10월 유럽 바둑 챔피언과 벌인 대국에서 5승무패로 승리를 거뒀습니다. 구글은 딥러닝 소프트웨어인 알파고에 프로 바둑기사의 대국 기보 3000만건을 입력한 뒤 알파고 스스로 대국하는 경험을 쌓게끔 했고, 2016년 3월 9일부터 15일까지 우리가 모두 잘 아는 이세돌과의 대국을 치르게 되었습니다. 하루 한 차례의 대국으로 총 5회에 걸쳐 서울의 포 시즌스 호텔에서 진행된 이세돌과 알파고(AlphaGo)간의 바둑 대결은 그야말로 전 세계의 관심 집중이었습니다. 경기는 한국어, 중국어, 일본어, 영어로 실황 생중계될 정도로 세기의 대결로 기록되었습니다.

한편, 알파고를 만든 구글 AI자회사 딥마인드(DeepMind)는 '인간 개발자'까지 넘보고 있습니다. '인간 개발자'의 평균 수준의 '코딩하는 AI' 개발하는데 기존의 코딩을 '보조'하는 기계학습(머신러닝) 도구와 달리, 인간과 경쟁할 수 있는 수준을 목표로 만들어졌다는 게 특징입니다. 이에 딥마인드는 다음과 같이 견해를 밝혔습니다.

"AI가 인류를 돕기 위해서는 문제해결 능력이 있어야 한다. 이번 연구 결과는 비판적 사고가 필요한 작업에 대한 딥러닝의 잠재력을 보여준다. 코드 생성 인공지능에 대한 이번 연구는 프로그래머가 생산성을 향상하고, 코딩하지 않는 사람들도 이 분야에 참여하는 데 실마리가 될 수 있다. 앞으로 추가적인 연구를 통해 향상된 프로그래밍과 문제해결 인공지능으로 한걸음 가까이 다가갈 것"

우리나라의 딥러닝

해외와 비교를 했을 때 우리나라의 딥러닝 수준은 국내 연구진에게 딥러닝은 이제 막 꽃을 피우기 시작한 기술입니다. 최근 이슈가 되고 있는 것은 마스크를 써도 얼굴 인식을 하는 기술로 인해 보안 문제가 터지고 있기도 했습니다. 또한, 딥러닝을 통해 의료계는 영료영상처리 기술개발에 속도를 내고 있습니다. 과학기술정보통신부가 지난 2018년 발표한 자료에 의하면 인공지능 SW(소프트웨어)는 다음과 같이 분류하고 있습니다. 국내 연구진들도 인공지능 SW(소프트웨어) 개발에 다양하게 접근하고 기술을 연구 개발 중 입니다.

자동기계학습 시스템(AutoML)은 기계학습(Machine learning), 딥러닝(Deep learning) 등 인공지능 관련 모델 개발에 필요한 다양한 과정을 자동화하여 최적 성능의 모델을 개발하는 '인공지능을 만드는 인공지능 솔루션입니다. 이는 인공지능 스스로 데이터의 특징을 추출하고 적절한 알고리즘을 선택하여 학습을 수행한 이후, 학습된 모델

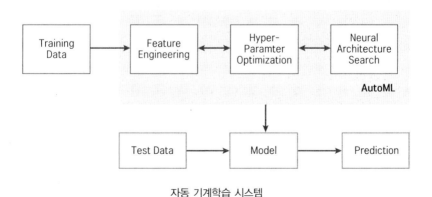

자동 기계학습 시스템

출처: 문용혁외 3, 자동 기계학습(AutoML) 기술 동향, 한국전자통신연구원, 전자통신동향분석 34권 4호, 2011

간 평가를 통해 개발 목표에 가장 적합한 인공지능 모델을 탐색하는 과정을 자동화한 것입니다. 데이터 설계, 데이터 전처리, 데이터 특징들을 파악하여 적합한 알고리즘 선택하고 기존 기계학습 모델 개발 과정을 자동화하는 기술로 구성돼 있습니다. 이때, 반복적으로 수행하는 기계학습, 딥러닝 등이 상당수 자동화함으로써, 해당 데이터와 모델에 관한 전문 지식이 없는 비-전문가도 인공지능 활용도를 높이는 것을 목표로 하는 시스템입니다. 이를 통해 금융, 의료, 헬스케어, 소매업, 제조업, 교통, 자율주행 등 인공지능 기술 전 분야에 활용될 수 있을 목표로 하고 있습니다.

두 번째 이야기

사람을 읽고, 사람을 분석하고
사람처럼 행동하고 싶은 기술

AI 스피커 사용 이유
37% 자연스러운 교감
35% 사람과 대화하는 것처럼 느끼기 때문

시장조사 전문기관 캡제미니(Capgemini) 5,041명을 대상. AI 스피커 사용 이유 설문조사 중

감정을 읽는 로봇의 등장

※ 로봇과 사람이 앉아서 대화하는 장면입니다.

짝사랑 하던 그녀가 글쎄, 결혼을 한 대.

봉숙님께서 하시는 말씀에 제가 토를 달아 무슨 소용이 있겠어요.

근데 내 마음이 왜 이렇게 아프냐.

아플 때는 병원을 찾아야죠. 진료는 의사에게, 약은 약사에게.

에휴. 너랑 대화하는 내가 바보지. 무슨 위로를 받겠다고.

바보하면 영구와 맹구죠.
하지만 주인님이 원하신다면 저도 가끔 바보가 될 때가 있죠.

얘 뭐래니?

죄송해요. 제가 좀 둔해서요.

에잇, 정말. 왜 사람 말을 공감을 못 하냐? 그 어렵다는 바둑은 잘 두면서 사람 감정 하나 읽지를 못하네. 인공지능이 만능은 아닌 거야.

비록 수읽기는 제가 졌지만 사람 감정 읽기는 제가 이기니까
이렇게 기쁠 수가 없습니다.

위 예시는 인공지능(AI)과 대화를 챗봇이 주고받는 것을 구성해 본 것입니다. 위 대화 내용처럼 인공지능과 기술이 '사람 감정 읽기를 (인공지능이) 이긴다'라는 세상이 오고 있습니다. 사람들의 감정은 기계가 하는 것과 다릅니다. 그래서 인간의 고유성을 감정에서 찾으려고 했습니다. 그런데, 얼굴 인식 기술의 발전으로 사람의 표정 변화를 통해 감정 변화까지 파악할 수 있는 기술이 나오고 있습니다. 인공지능이 파악하고 표현하는 감정에 관한 연구가 시작된 것입니다.

인간의 표정을 읽는 기술

CES 2020(CES /IT 기술관련 전자제품 세계 최대 전시회)에서는 얼굴을 촬영해 감정을 인식하는 안면 인식(facial recognition) 기술이 화제였습니다. 인공지능이 데이터베이스를 기반으로 나이와 성별, 감정까지 분석하는 안면인식 기술이 어느 정도 수준까지 발전했는지 확인할 수 있는 자리였습니다. 미국 기업 아마존은 표정을 식별하고 감정을 읽어내는 안면 인식 기술 '레코그니션'(Rekognition)을 개발했고, 대만의 사이버링크(CyberLink)는 표정 인식으로 사람의 나이와 성별, 감정을 식별하는 '페이스미'(FaceMe)를 개발했습니다.

얼굴 표정 연구의 전문가 폴 에크먼(Paul Ekman) 교수는 1960년대 후반 연구를 위해 파푸아 뉴기니섬으로 건너가, 문명의 손길이 닿지 않은 원주민 포레 족과 미국 대학생들과의 감정 표현과 이해에 대한 교차실험을 진행하였습니다.

폴 에크먼(Paul Ekman)

1934년 2월 15일 ~
심리학자 샌프란시스코 캘리포니아 대학교 명예교수감정과 표정과
의 관계에 대한 연구의 선구자

출처 : 두산백과

에크만 교수는 사람의 표정과 감정은 문화나 학습에 의해서가
아니라 본능에 의한 것임을 증명했습니다. 사람들은 서로의 얼굴 표
정이 담긴 사진을 보고, 서로의 감정을 정확히 판별할 수 있었다는
연구였습니다. 폴 에크만 교수는 감정을 '역겨움, 경멸, 슬픔, 공포,
분노, 놀람, 기쁨'으로 보편적인 7가지 감정으로 분류했습니다. 그
후 사람들의 얼굴에서 확인할 수 있는 표정을 분류하기 위해 '안면
근육 활동 부호화 체계'(FACS)를 개발했습니다.

'안면 근육 활동 부호화 체계'는 안면 근육 운동 연구를 통해 표
정을 분류한 것으로, 사람들이 눈썹을 내리고, 코를 찡그리고, 눈을
깜빡이는 등의 모든 과정을 중요한 자료로 사용합니다. 미세한 근육
의 움직임부터 몸의 행동, 생각하는 과정까지 모든 것이 감정표현이
라고 설명하고 있습니다.

표정을 읽지만,
마음은 읽지 못하는 '인공지능'

안면인식 기술의 발전으로 감정인식 기술이 발전하고 있다는 입장도 있지만, 그렇지 않은 의견도 있습니다. 미국 오하이오주립대 전자컴퓨터공학부 교수 알레이스 마티네즈(Aleix Martinez)는 "얼굴 표정으로 감정을 파악하는 현재의 기술은 '인간이 행복할 때는 웃고 화가 날 때는 얼굴을 찌푸린다'는 가설에만 의지하고 있다"고 했습니다.

사람의 감정들을 이야기하면 '희노애락(喜怒哀樂)' 즉, 기쁘고, 화도 나고, 때론 슬프기도 하고, 즐겁기도 한 마음의 상태를 말합니다. 그런데 사람의 감정은 상황에 따라서 그 표현이 달라지기도 합니다. 그래서 얼굴 인식으로는 보편적인 감정을 추론해 내는 것이 어려울 수 있다는 비판이 일기도 합니다.

영국 케임브리지대 연구진은 이모지파이(Emojify) 프로젝트에서 '감정인식 기술이 가진 기본적인 결함과 한계점을 지적하기 위해서' 웹페이지를 제작한다고 밝힌 바 있습니다. 이를 위해, 웹페이지에 '페이크 스마일 게임(Fake Smile Game)'과 '윙크·깜빡임 게임'(Wink/Blink Game)'을 게재했습니다. 이 중, '페이크 스마일 게임'은 웹캠을 통해 사용자의 얼굴을 인식하는 것으로, 인공지능이 사용자의 눈의 표정과 다르게 입꼬리의 움직임으로 표정을 인식하는 과정을 설명했습니다. 케임브리지대 연구팀 리더 알렉사 하게티(Alexa Hagerty) 박사는 "입꼬리가 위를 향해 있으면 행복하거나 즐겁다는 감정이라고만 판단하는 것이 현재의 감정인식 기술"이라며 "인간의 얼굴에서 나오는 세밀한 감정을 기계가 읽기에는 한계가 있다"라고 말했습니다.

이런 비슷한 생각을 밝힌 인물이 또 있습니다. 케이트 크로퍼드(Kate Crawford)교수가 그 중 한 사람입니다. 그는 마이크로소프트 리서치의 수석 연구원이자 USC 아넨버그의 연구 교수이기도 합니다. 그는 자신의 저서 「Atlas of AI: Power, Politics, and the Planetary Costs of Atrificial Intelligence」에서 '표정이 사람의 감정을 드러낸다는 좋은 증거는 없다. 하지만 세계적 기업들은 그렇게 믿기를 원하지 않는다.'라는 뜻을 밝히기도 했습니다.

최근 들어 인공지능 기술은 미묘한 근육 떨림과 심박수, 혈압 변화와 같이 사람들이 제어할 수 없는 생리학적 지표도 감지할 수 있으며, 자동차와 가전 등에 감정을 감지하는 센서와 알고리즘을 부착해 신제품을 개발하고 있습니다. 이런 기술을 감정 기술(Emotion Technology)이라고 합니다. 감정 인식 기술은 딥러닝, 신경망, 빅데이터 등 인공지능의 핵심 기술들을 기반으로 얼굴 표정(Facial expression), 언어 인지(Speech Recognition), 동작 인식(Gesture Recognition), 생체 인식(Biometrics) 등을 통해 진행되었습니다. 사람의 음성, 표정, 몸짓, 뇌파 등을 통해 감정을 읽어내며 피드백과 결론을 도출하도록 합니다. 그래서 감정 인식 기술은 마케팅에서 활용되고 있습니다. 사용자가 제품의 가치를 느끼고 지속해서 사용할 수 있도록 하기 위해 얼굴 표정을 읽고, 동작을 인식하며 제품 및 서비스를 사용자가 어려움 없이 쉽게 사용하도록 하는 것 이상으로 더욱 많이 사용자와 소통하도록 하는 인공지능 기술이 개발되고 있습니다.

인공지능 기술의 활용과 사회적 이슈

인공지능과 관련된 기술은 많습니다. 인간을 닮은 로봇 '휴머노이드(Humanoid)'에 대한 부분도 있으며, 헬스케어, 법조 분야, 국방 분야, 자율주행, 빅데이터, 그리고 문화예술에 이르기 까지 인공지능 기술이 사용되고 있습니다.

자율주행 기술

일본 닛산(Nissan)의 '프로파일럿(ProPilot)' 프로젝트는 사물 자율주행 분야에서 화제가 되었습니다. 간이 자율주행 시스템인 '프로파일럿'은 자동차의 자율주행 외에도 실제 사물에도 적용되었습니다. 일본의 유명 온천 지역인 하코네 지역에 있는 닛산의 '프로파일럿 파크 료칸(ProPilot Park RYOKAN)'의 테이블, 의자, 쿠션, 슬리퍼 등 사물에는 사소한 신호 하나에 모두 제자리를 찾아가는 자율주행 기술이 적용돼 있습니다.

자율 정리정돈 슬리퍼

출처 : 닛산 홈페이지

예를들면 작은 바퀴가 달린 자율주행 사물들이 제자리를 찾아가는 원리입니다. 닛산은 이보다 앞서 사무실 자율주행 의자도 선보이며 사물 자율주행 시대를 열었습니다. 이런 기술은 재미있는 상상을 하게 합니다. 사람들이 자율 의자로 맛집에 줄을 대신 서게 할 수도 있을 것입니다. 그러면 새치기 할 염려도 없고, 거리두기도 충분히 해결할 수 있습니다. 닛산의 상상으로 시작된 일은 자동차뿐만 아니라 여러 가지 분야에서 자율주행 기술을 활용할 수 있다는 가능성을 보여준 사례입니다.

사물의 자율주행을 넘어, 기기가 스스로 판단하고 행동하는 시대가 열리고 있습니다. IT리서치기관 가트너(Gartner)는 자신들의 심포지엄을 통해 드론이나 로봇, 자동차 등 '자율사물'들이 주변 환경과 상호통신을 통해 스스로 판단하고 행동하며 인간의 삶에 들어올 것이라고 했습니다. 그리고 실제 자동차는 운전자가 직접 운전하지 않고, 차량 스스로 도로에서 달리는 자율주행 기술을 넘어, 사람의 표정을 읽고, 감정을 읽습니다.

자율주행 자동차에 이용되고 있는 안면인식 기술

분류	구분	내용
국내	현대 모비스	**엠비전 S(완전자율주행 콘셉트카) → 엠비전 X로 진화** 카메라, 레이더, 라이다 등 자율주행 센서와 커뮤니케이션 라이팅, 가상 공간 터치, 3D 리어램프, 프리미엄 사운드 시스템 'KRELL' 등 미래차 핵심 기술이 적용되어 승객의 감정 상태 등을 자동 인식해 조명 색을 바꿈
	기아	**실시간 감정반응 차량제어 시스템** (Real-time Emotion Adaptive Driving: R.E.A.D.) 시스템 인공지능 머신러닝을 기반으로 생체 정보(표정, 심장박동 등) 인식을 통 해 운전자의 감정 상태를 실시간으로 분석하고, 소리, 진동, 온도, 향기, 조명 등 운전자의 오감과 관련된 차량 내 환경을 최적화하는 기술
국외	아우디 (독일)	**아우디 AI:ME** 사용자의 습관을 학습하고 인공지능과 결합한 지능형 기능들을 사용하 여 탑승자와 교감함으로써 탑승자의 안전과 안락함을 향상시킴. AI:ME 쇼카는 운전자의 감정상태를 파악하여 피로감을 느끼면 특수 조명을 사 용하여 피로를 덜어 줌
	어펙티바 (미국)	**어펙티바 자동차 AI** 운전자와 승객의 얼굴과 목소리에서 오는 복잡한 감정 상태를 이해하고 기쁨, 분노 및 놀람과 같은 표정과 감정뿐 아니라 분노의 정도, 웃음의 표현과 하품, 눈가림 및 눈 깜박임 속도, 신체적 산만도(제스처)까지 감지
	도요타 (일본)	**콘셉트-아이(愛)-i** 운전자의 표정이나 동작, 피로도 등을 데이터화하거나 SNS, 행동, 대화 이력에 따라 운전자의 기호를 추정하고 운전자의 감정이나 피로도에 따 라 시각 또는 촉각 등 오감에 행동을 촉구하여 자율신경을 자극하고, 더 욱 안전하게 운전할 수 있도록 유도

　　자율주행 자동차에서 이 기술들은 운전자를 관찰합니다. 그리
고 데이터를 통해 분석된 결과를 스스로 판단합니다. 운전자의 얼굴
표정 및 행동 분석을 통해 '몸이 안 좋다', '운전에 집중하기 힘들다'

등의 운전자의 상태가 운전하기 힘들다고 판단되면 자율 자동차 스스로 판단을 내리게 됩니다. '자동차가 스스로 운전하게 해주는 것이 훨씬 더 좋다'는 식입니다. 자동차 내부 카메라를 통해서 운전자의 현재 상태들을 충분히 파악할 수 있으며, 주행 중 발생할 수 있는 추돌 및 사고 등의 판단을 미리 예측합니다.

건강관리 시스템, 인공지능 헬스케어

인공지능 기술이 일상에 적용되는 또 다른 사례는 '건강관리'입니다. 인공지능 기술로 질병의 치료, 예방, 일상의 건강관리 등 이 모든 과정이 이뤄지는 분야입니다. 또한 원격 진료와 의료 상담이 이에 해당합니다. 기술은 발전할수록 원격진료에 관한 논의도 활발히 이뤄지고 있습니다. 의료진과 환자가 대면할 수 없는 환경에 놓였을 경우, 과연 완벽한 원격 진료가 가능할 것인가의 문제입니다.

이런 인공지능 건강관리 시스템으로 IBM에서 만든 '왓슨(Watson)'의 경우 2012년 'Watson Health Oncology solution'을 통해 암 치료에 도전했습니다.

▨ IBM의 인공지능 암 치료 솔루션, Watson for Oncology

- 근거에 기반한 환자 중심의 치료 방법 식별
- 의료 장비와 적용 가능한 처치 등 치료의 다양성 이해
- 최신 의료 지식에 접근하여 주요 정보를 추출하고 암 전문의로 하여금 환자 중심의 개별화된 치료 방법을 선택하도록 지원

- 현재의 연구 성과와 근거가 실제 임상에 활용되기까지 소요되는 시간 단축
- 담당 암 전문의가 치료 방법과 대체 치료 방법을 평가하고 비교하는 데 필요한 정보 제공
- MSK의 보고서와 수백 건의 교과서 및 학술지를 근거로 한 치료 방법에 대한 링크 제공

출처 : IBM Watson Health

실제 이 프로그램들은 환자의 진료 기록과 의료 데이터를 바탕으로 치료법을 권고합니다. 치료법 권고의 데이터로 쓰인 내용은 300개 이상의 의학 학술지, 200개 이상의 의학 교과서 등을 통해서 데이터 학습을 시켰으며, 1,500만 개 정도의 의료 정보를 학습시켰습니다. 반면, 2021년 대한영상의학회 학술대회에서는 암 다학제진료와 디지털의료 세션에서 'Watson for Oncology'의 한계를 논했습니다. 환자정보를 의사가 일일이 수동으로 입력하는 과정 및 복합적 사고가 요구되는 암 진단 과정이 단순화되어 있다는 점이 그 이유였습니다. 이는 논문을 통한 지식 습득 데이터가 실제 의료 경험과 조화를 이루는데 한계가 있다고 판단한 것입니다.

또 다른 사례는 X-ray 판독에 관한 체스퍼트(CheXpert) 기술입니다. 이 기술은 스탠퍼드 대학에서 개발한 프로그램을 인터마운틴 헬스케어(Intermountain Healthcare) 사와 스탠퍼드 대학이 공동으로 발전시킨 것입니다. 스탠퍼드대학 머신러닝 그룹(Stanford Machine Learning Group)은 인공지능 시스템에 18만 8천 개의 이미지를 입력해 무엇이 폐렴이고 폐렴이 아닌지 인공지능을 학습시켰습니다. 또한, 판독의 미세한 차이를 훈련하기 위해 인터마운틴 헬스케어 사에서

제공한 7,000개의 이미지도 추가 적용해 학습시켰습니다. 그 결과, 폐렴에 걸려 응급실로 이송된 환자의 흉부 X선을 신속하고 정확하게 분석할 수 있었으며, 일반 의사들의 X-ray 판독 시간이 평균 20분 정도임을 감안했을 때, 체스퍼트(CheXpert) 기술은 이보다 120배 빠른 속도로 판독했습니다.

국내의 경우, 보건의료 분야와 관련한 의료기술의 향상이나 의료서비스의 개선이 이루어질 것으로 예상됩니다. 일례로 '민간클라우드 기반 인공지능(AI) 의료영상분석 보조서비스'를 도입, 폐 질환 진단 속도와 정확도를 높였습니다.

전국 보건소 중에는 영상을 판독할 의료진이 충분치 못한 곳도 있습니다. 그런 곳에 인공지능 기술이 도입되고 있습니다. 또한 한국과학기술연구원은 '치매 돌봄 로봇'을 개발하고, 치매 환자를 보살피도록 하고 있습니다. 인공지능 의료 기술로 치매 예측 진단도 가능합니다. 해외에서는 인공지능을 활용하여 목소리 특징만 가지고 치매 가능성을 판단하게 하는 연구도 이루어지고 있습니다. 신약 개발에서도 인공지능 기술이 도입되고 있습니다. 새로운 약 성분이 인체에 어떻게 작용할지 인공지능이 계산합니다. 수년 씩 걸리는 개발 시간을 앞당기고 있습니다.

이러한 상황에서 반대로 역기능 측면의 이슈가 발생할 수도 있습니다. 바로 환자의 개인정보 유출이나 재산권 침해 그리고 인공지능 분석 결과에 대한 책임의 문제입니다. 의료 분야의 알고리즘에 사용되는 학습 데이터는 치료받은 환자들의 개인정보이기도 합니다. 또 알고리즘에 의해 진단이 잘못되거나 오작동으로 인한 의료사고가 발생한 경우에 대한 책임 문제도 있습니다. 게다가 의료 판정에 있어서 인공지능 알고리즘의 판단에만 전적으로 의지하게 된다면, 의료 AI의 안전성 문제와 윤리 문제는 매우 민감한 문제가 될 것입니다.

예를 들면, 인공지능에 '태아를 살릴 것인가, 또는 산모를 살릴 것인가' 하는 결정을 완전히 맡길 수 있을까요? 이처럼 의료분야의 인공지능은 사람의 생명과 밀접하게 연결되어 있습니다. 그만큼 인공지능 기술의 안전성과 책임 문제가 중요합니다. 또한, 의료 인공지능에서 중요한 점 중의 하나는 개인정보, 진료 정보 등을 위한 정보 보완입니다. 의료 정보는 매우 민감한 개인정보에 해당되기 때문에 철저한 보안이 이루어져야 합니다. 의료 인공지능(AI)이 더 고도화된 지능으로 발전하려면 더 많은 의료 데이터를 사용해야 합니다. 이런 문제를 핀란드에서는 다음과 같이 진행하고 있습니다.

▨ 핀란드 의료데이터 활용 정책

핀란드에서는 정부가 제공한 개인 의료정보를 인공지능이 학습할 수 있습니다. 핀란드 국민들의 처방전, 건강기록 등 모든 의료 정보는 전산화 돼, 정부에서 한 데 모아 관리하고 있는데요, 550만 명 분량의 빅데이터가 만들어져 있습니다. 핀란드는 최근 50만 명의 유전자 정보를 모은 바이오 뱅크까지 만들었습니다. 개인이 동의한 데이터를 익명화해 누구나 연구개발에 사용할 수 있도록 했습니다.

환자 의료 기록을 머신러닝한 결과, 인공지능이 아기 움직임을 분석해 뇌성마비 여부를 진단합니다. 실제 환자 1000명의 영상을 학습했고, 정확도는 95%에 이릅니다. 신체 조직 사진 한 장만 있으면 1분도 안 돼 암과 파킨슨 병을 알아냅니다.

데이터 결합 활성화를 위한 데이터전문기관 지정현황('21년말)

데이터전문기관 (신용정보법)	(금융위) 국세청, 금융결제원, 금융보안원, 한국신용정보원
결합전문기관 (개인정보보호법)	(개인정보위) 통계청, 삼성SDS, 한국지역정보개발원, 롯데정보통신, 케이씨에이, 한국정보인증, 신세계아이엔씨
	(과기정통부) 한국지능정보사회진흥원, SK 주식회사, 더존비즈온, 한국데이터산업진흥원, BC카드
	(보건복지부) 국민건강보험공단, 건강보험심사평가원, 한국보건산업진흥원
	(국토부) 한국도로공사　　(교육부) 한국학술정보원 (산업통상자원부) 한국 KDN　　(행정안전부) 국가정보자원관리원

　　세계 최고의 보안 수준을 유지하고 원천적 권리는 정보 제공자가 갖습니다. 철저한 보안과 투명성이 결합한 의료 빅데이터 산업은 핀란드의 경제 혁신 동력이 되고 있습니다. 하지만, 우리나라의 경우 진료기록 및 개인정보 유출 우려로 사회적인 합의가 이뤄지지 않은 상황입니다. 2020년 8월 「데이터 3법 시행」(개정된 개인정보보호법, 정보통신망법, 신용정보법을 일컫는 말)으로 도입된 가명 정보 제도는 정보 주체 동의 없이 과학적 연구 등을 목적으로 식별가능성을 최소화해 정보처리자가 직접 활용하거나 제삼자에게 제공하는 제도입니다.

　　이를 바탕으로 국립암센터에서는 암 질병 치료 효과를 분석, 5년 이상 생존한 폐암 환자의 22.2%가 암 이외의 원인으로 사망했고, 심뇌혈관질환이 24.8%를 차지하는 것으로 확인했습니다. 이를 통해 폐암 환자의 만성질환 발생 및 사망 인과관계를 확인해 생애주기 전반에 걸친 위험요인 파악 및 예측모델을 개발하고 있습니다.

로보 어드바이저

로보 어드바이저란, Robot + Advisor 의 합성어로 미리 프로그램된 알고리즘을 통해서 프로그램이 투자결정 및 자산배분을 하는 행위 또는 그 프로그램 자체를 말합니다. 사람들이 투자할 때, 로보 어드바이저가 데이터를 가지고 '이쪽에 주식을 사게 되면 너는 성공할 거야,'라고 하는 형식입니다. 로보 어드바이저는 금융에서 비대면으로 자동화된 투자 자문 또는 자산관리서비스를 제공하는 것입니다. 알고리즘을 이용해서 사람과 유사하게 투자 자문을 하고, 자산관리를 하는 프로그램입니다.

로보 어드바이저는 다음과 같은 단계에서 사용됩니다. 첫 번째, 단계, 고객 진단입니다. 고객의 투자 성향과 투자 목적을 파악하고 고객 유형을 분류하는 단계입니다. 두 번째 단계로는 자산 배분입니다. 고객 유형에 대해서 적합한 투자 자산을 추천하거나 투자 자산을 배분하는 과정입니다. 그리고 세 번째로는 리밸런싱입니다. 고객의 이익을 최우선으로 하기 위해서 고객의 투자 목적에 맞게 포트폴리오 성과 분석을 분석하고 재조정하는 단계입니다. 그러나 금융에서는 시장에 영향을 미치는 요소들이 매우 많습니다. 또 시장이 빠르게 변화되기 때문에 기계학습을 통해서 과연 모든 요인을 완전하게 분석할 수 없습니다. 그렇기 때문에 고객의 이익이 중요하지만 투입에 비해서 산출이 기대 이하로 나타날 수도 있습니다. 따라서 로보 어드바이저는 전문성을 갖춘 투자 전문가가 알고리즘 개발과 상시 감시에 참여해야 합니다. 이것은 마치 의료 AI 개발에 의사가 참여해야 하는 것과 같습니다. 또 알고리즘 가정은 일반적으로 인정된 투자 이론에 기반해야 한다고 하고 있습니다. 그리고 고객이 이것을 언제라도 쉽게 이해할 수 있도록 해야 합니다. 이윤추구만을 목적으로 하는 알고리즘이 정당화 할 수 있을지, 금융회사와 소비자 간의 정보 비대칭 문제, 시스템 오류로 인한 시장의 혼란 야기, 이런 문제점들이 생긴다면, 과연 누구에게 책임을 물을 것인가, 하는 문제도 계속 논의해야 하는 윤리적 쟁점으로 남아 있습니다.

자율무기

인공지능은 자율 무기 개발에도 가속하고 있습니다. 강대국들은 이미 무장 드론, 자동전투기, 전투 로봇 등을 개발해서 실전에 배치하고 있는 상황입니다. 이러한 자율 무기는 인간 전투원보다 훨씬 더 강력하다고 할 수도 있습니다. 그렇기 때문에 각 국가의 안보는 로봇 군대를 가진 나라와 그렇지 못한 나라로 나뉘게 될 수도 있습니다. 자율 무기 개발은 인류에게 직접적인 위협이 될 수 있다는 점에서 금지되어야 한다는 이슈도 있습니다.

특히, 자율무기가 스스로 판단하여 살상하게 될 경우가 발생할 수 있다는 측면에서 이야기들이 논의되고 있습니다. 자율 무기가 하는 살상에 이르게 하는 의사결정은 사실 인간이 개입하지 않는 의사결정입니다. 인공지능(AI) 판단에 의한 살상과 인간의 판단에 의한 살상은 전혀 다른 문제입니다. 인간을 살상하는 결정을 인공지능(AI)이 자율적으로 한다는 것이 허용될 수 있다는 것 때문에 자율 무기와 관련해서 자율 무기 개발에 대한 반대 논의도 대두되고 있습니다.

2017년, 일론 머스크 테슬라 최고경영자(CEO), '딥마인드 테크놀로지'의 무스타파 술레이먼 등 전 세계 26개국 정보기술(IT) 및 로봇 전문가 116명이 유엔(UN)에 '킬러 로봇'을 금지할 것을 촉구하는 내용의 서한을 보냈습니다.

2017년 8월 20일(현지 시각) 가디언 보도에 따르면, 이들이 유엔에 보낸 내용은 '인공지능(AI)을 활용한 킬러 로봇이 전쟁에 사용될 경우 제3세대 전쟁이 발발할 가능성이 있다. 자동화 무기 개발 경쟁이 '제3의 무기 혁명'을 가속화하고, 이에 따라 인류가 엄청난 피해를 입을 수 있다. 치명적인 자동무기들은 일단 개발되면 이전보다 더 큰 규모로, 인간이 이해할 수 있는 것보다도 더 빠른 속도로 무력 갈등을 촉발하게 될 것이다.'는 내용이었습니다.

자율무기와 관련된 사례로 국내 사례도 있습니다. 2018년 세계 인공지능 및 로봇 연구분야 학자 50여 명이 '한국과학기술원, 카이스트가 한화시스템과 공동으로 추진하는 인공지능 무기 연구에 대해서 항의하면서 카이스트와의 관계를 끊겠다.' 선언하기도 했었습니다. 세계 저명 로봇학자 50여 명이 한국과학기술원, 카이스트와의 모든 공동 연구를 보이콧 하겠다고 선언했습니다. 카이스트가 현재 추진 중인 인공지능 무기 연구가 결국 킬러로봇이 될 수 있다는 게 이유입니다.

2018년 4월, 세계 30개국 인공지능 학자 50여 명이 앞으로 한국과학기술원 카이스트와의 공동 연구나 연구인력 교류를 거부한다는 공개 서안을 발표했습니다. 카이스트가 인공지능 기반의 무기, 즉 킬러 로봇을 개발하고 있기 때문이라는 겁니다. 이는 2018년 2월, 한화시스템과 손잡고 문을 연 국방 인공지능 융합 연구센터에서 인공지능(AI) 기반의 항공기 훈련 시스템 등 지능형 물체 추적과 인식 기술, 무인 잠수정 복합 항법 알고리즘 연구개발 때문이었습니다. 학자들은 서안에서 '인간의 통제 없이 스스로 결정하는 자율 무기 개발을 멈추겠다.' 라는 확약이 있기 전엔 카이스트와의 어떤 공동 연구도 전면 거부한다고 못 박았습니다. 이번 공동 서안을 주도한 AI 전문가 토비 월시 교수는 유엔이 군비 증강 위협에 대한 감축 방안을 논의하는 시점에 카이스트 같은 명망 있는 대학이 군비 경쟁을 부추기는 게 유감스럽다고 비난했습니다.

이에 신성철 카이스트 총장은 킬러 로봇을 개발할 의사가 전혀 없다고 해명한 것으로 알려졌습니다. '인권과 윤리를 매우 중히 여기는 카이스트는 자율 무기 등 인간 존엄성에 반하는 어떤 연구 활동도 하지 않을 것'이라고 밝혔습니다. 또한, 카이스트는, 연구가 단순히 킬러 로봇 연구가 아닌 방위산업, 물류 시스템, 무인항법, 지능형 항공 훈련 시스템 등에 관한 알고리즘 개발이고, 살상용 무기나 공격용 무기 개발이 아니라고 밝힌 바 있습니다. 그러나 학자들의 보이콧은 철회되지 않았습니다.

세계 강국은 각 국의 국방 안보를 위해서 AI 자율 무기 개발을 서두르고 있습니다. 이러한 자율 무기는 여러 위험을 초래할 수 있습니다. 특히 자율 무기 중에 치명적 자율 무기가 있습니다. 이것은 인간의 개입 없이 시스템 걱정은 점차 현실로 다가오고 있습니다. 인공지능이 군사 영역에 도입되는 사례가 속속 등장하고 있습니다. 2021년 7월, 합동참모본부에서 미래 전쟁 양상 변화에 대비해 인공지능 기반 무인전투체계를 적용하겠다고 밝혔습니다. 미국 국방부

	Country	Status	Date			Country	Status	Date
	Austria	Final draft	June 2019			Italy	Final draft	July 2019
	Belgium	In progress				Latvia	Published	Febr. 2020
	Bulgaria	In progress				Lithuania	Published	April 2019
	Croatia	Final draft	Nov. 2019			Luxembourg	Published	May 2019
	Cyprus	Published	Jan. 2020			Malta	Published	Oct. 2019
	Czech Republic	Published	May 2019			Netherlands	Published	Oct. 2019
	Denmark	Published	March 2019			Poland	Final draft	Aug. 2019
	Estonia	Published	July 2019			Portugal	Published	June 2019
	Finland	Published	Oct. 2017			Romania	In progress	
	France	Published	March 2018			Slovakia	Published	Oct. 2019
	Germany	Published	Nov. 2018			Slovenia	In progress	
	Greece	In progress				Spain	Final draft	Nov. 2019
	Hungary	Action plan	Nov. 2019			Sweden	Published	May 2019
	Ireland	In progress				United Kingdom	Published	April 2018

유럽연합 회원국별 인공지능 전략 발표 시기

출처 : European Commission 2020

는 'humans in the loop(HITL)'이라는 형태로 자동화된 무기의 의사
결정 과정 중 최종적인 결정 단계에서 인간이 개입해야 한다고 강조
하고 있습니다. 중국은 중앙군사위원회 차원에서 인공지능 기반의
군사혁신을 추진 중입니다. 대미(對美) 군사력의 열세 극복을 위해
인공지능 등 첨단기술의 도입을 통한 강군 건설을 구상하며, 인간-
기계 융합체계연구, 무인지능체계연구, 빅데이터 지능화 연구 등은
전장의 정보화와 지능화를 대비한 새로운 전쟁 양태를 대비한 군의
혁신기반 구축이 목표로 한다고 밝혔습니다. 영국은 2020년 1월, 인
공지능 기술에 기반한 지능화와 데이터 활용을 극대화한 'DASA(국
방안보추진국, Defense and Security Accelerator)'의 프로젝트를 공개하며,

2040년대까지 영국의 해군, 육군, 공군 장비 플랫폼을 설계하고 협력 및 운용방식을 개선할 수 있는 인공지능 및 머신러닝 기술개발 목표를 밝혔습니다. 그 외 유럽엽합 국가들도 인공지능 군사 전략을 밝혔습니다.

미국 국방부 지령에는 '일단 활성화되면 더는 인간의 개입 없이 스스로 자율적인 판단으로 목표를 선택하고 수행할 수 있는 무기체계'라고만 정의하고 있습니다. 즉, 기계가 인간의 개입 없이 자율적으로 목표물을 검색, 식별, 추적하여 목표를 제압하고 무력을 사용하고 무력화하고 살상 파괴 등을 하는 무기가 바로 치명적 자율 무기입니다. 따라서 자율 무기의 경우에 일단 실전에 배치되면 통제가 어려울 수 있습니다.

기계의 자율성을 어느 범위까지 허용해야 할 것인지, 또 인간이 언제 개입할 것이며, 인간이 결정적인 순간에 통제 가능한지에 대한 인간 통제 기능이 매우 중요한 부분입니다. 인공지능(AI) 윤리적 쟁점 중에서 가장 중요한 것은, 인공지능(AI)이 인간에게 이익을 가져다 주는 것이기 때문에 이와 반대되는 자율 무기라는 인공지능(AI)에 대해서는 통제가 가능해야 합니다. 그렇기 때문에, 미국 국방부 지령에서는 '자율 무기에서도 인간 통제력을 절대 놓아서는 안 되고, 마지막 공격 스위치는 인간의 몫으로 남겨 두어야 한다'고 규정하고 있습니다.

※ 자율무기에 관한 윤리적 쟁점

- 반윤리적이고 비인간적인 문제
- 전투원과 비 전투원의 구별 문제
- 전쟁을 쉽게 생각하도록 함으로써 더 많은 살상의 초래 가능성
- 생명권 경시
- 인간의 수단화

　　인공지능(AI) 기술의 군사전략적 개발은 다양한 형태가 있습니다. 군사적 전략모델 연구 개발이 문제가 아닌, 그 중 인간 살상 무기들이 연구개발 될 것을 많은 이들이 우려하고 있는 것이 사실입니다. 스스로가 목표물을 선택하고 공격하는 것임에도 국제적으로 합의된 개념 자체가 아직 없습니다. 자율 무기에 관한 윤리적 쟁점을 정리해 보면. 인간이 목적이 아니라 살상 대상, 즉 수단이 되어버려서 인간의 존엄성이 와해될 수 있음을 경고합니다.

세 번째 이야기

인공지능 기술은
과연 안전할까?

"인공지능이 인간의 통제 영역을 벗어나
대재앙을 빚지 않도록 대응책을 마련해야 한다"

스티븐 호킹

🧩 인공지능(AI) 안전성이란

인공지능(AI) 시스템을 인간의 지능처럼 구현하기 위해 다양한 소프트웨어와 하드웨어 기술들이 융합돼서 구현된 복합체입니다. 그러다 보니 개발 과정의 오류, 상용화된 이후에 나타날 수 있는 기능적 오작동, 이러한 여러 위험성을 가지고 있습니다. 또 딥러닝의 경우에는 일반적인 프로그램과 달리 도출된 결과에 대해서 명확하게 그 근거를 알 수 없는 블랙박스 구조로 되어 있기도 합니다. 이러한 의도치 않은 위험에 대비하여 안전하게 만드는 것이 바로 인공지능(AI) 안정성입니다.

2016년 일본에서 발표된 G7 인공지능 연구개발 8원칙에서 인공지능(AI)의 안전성은 '인공지능(AI)이 사람의 생명과 신체에 위해를 가하지 않도록 할 것'이라고 정의하고 있습니다. 2019년, 유럽연합집행위원회가 발표한 신뢰할 수 있는 인공지능을 위한 윤리 지침에서는 기술적인 견고성을 통해서 사람의 신체적, 정신적 안정을 보장할 수 있다고 기술하고 있습니다. 또 인공지능(AI) 안전은 문제가 생길 경우 대체할 수 있는 안전장치를 추가하는 대체 계획이 있어야 하며, 기술적으로는 안전성, 정확성, 신뢰성, 재현성을 구현함으로써 AI의 안전을 확보할 수 있다고 기술하고 있습니다. 기술적인 오류 또는 사고와 사건에 대비하기 위해, 기술적으로 견고하게 설계를 하고, 안정적으로 작동하도록 개발하고, 위험에 대한 대책을 마련해 두는 것입니다.

인공지능(AI) 안전성이라는 용어를 처음 사용한 사람은 미국 루이빌 대학교의 로만 얌폴스키(Roman Vladimirovich Yampolskiy) 교수입니다. 인공지능(AI) 안전성에 대해서 특정 인간이 안전한지를 확인하는 문제로 축소해 볼 수 있다고 말하고 있습니다. 그리고 이것을 안전한 인간 문제, safe human problem(안전한 인간의 문제)이라고 정의하고 있습니다. 얌폴스키 교수는 2016년 발표한 논문 및 2018 발표한 책에서 인공지능(AI) 안전성 구축을 완전하게 하는 것은 매우 어려우리라 전망했습니다. 중요한 메일이 스팸으로 분류되어 차단되고, 내비게이션 GPS가 잘못된 방향을 알려주는 것 등의 예시를 들어 설명했습니다. IT 서비스에서 나타나는 다양한 오류들을 살펴볼 때 실패하지 않는 인공지능(AI)의 예시를 찾는 것은 매우 어려울 것이다, 라고 했습니다. 다르게 설명하면, 인공지능(AI)의 안전성이란 오류나 실패를 최소화하는 것과 관련이 있다는 말입니다. 현재 약한 인공지능(weak AI 또는 narrow AI)이 사이버 보안 침해에 대한 대응이 상대적으로 쉽습니다. 하지만, 강한 인공지능(strong AI 또는 general AI)의 경우 초지능으로 발전된 경우에는 통제의 한계성으로 인해 안전성 확보 문제가 더욱 위협을 받을 것이라고 예견하고 있습니다. 로만 얌폴스키(Roman Vladimirovich Yampolskiy) 교수는 인공지능

(AI) 시스템에 있어서 '완전한 안전은 없고, 확률적으로 안전한 것'이며 '완전 자율 기계는 절대로 안전할 수 없다'고 가정하고 있습니다.

영국 정부는 앨런 튜링 연구소(Alan Turing Institute)와 함께 공공 정책 프로그램과 함께 OAI(Office for Artificial Intelligence)와 GDS (Government Digital Service) 이니셔티브에서 인공지능(AI) 윤리 및 안전에 대한 가이드 '공공부문에서의 인공지능 사용(Using artificial intelligence in the public sector)'을 발표했습니다. 앨런 튜링 연구소는 대영 도서관에 본부가 있는 국립 데이터 과학 및 인공지능 연구소인 만큼 공공 정책분야의 인공지능(AI)윤리 및 안전에 관심이 많은 곳입니다. 이는 공공정책 분야에서 인공지능(AI)의 윤리 및 안전에 대한 지침을 제공하고 정부가 어떻게 AI를 윤리적으로 이용할 수 있는지에 대한 비전을 제시했습니다. 앨런튜링 공공정책 프로그램은 지능적 의사 결정을 설명하기 위한 윤리적 프레임워크를 개발하고 아동복지에 기계학습(machine learning)을 사용하는 것의 윤리적 의미를 탐구하는 것을 포함한 다양한 연구를 제시하기도 했습니다.

인공지능(AI)의 위험 가능성을 최소화하기 위해서 자율적 시스템으로 발전하는 인공지능(AI)을 기술적으로 더 안전하게 만드는 것이 안전성입니다. 인공지능(AI) 위험 가능성을 설명한 데이비드 레슬리 박사는 AI의 안전성을 지키려면 정확성, 신뢰성, 보안과 견고성이라는 기술 목표의 우선순위를 정해야 한다고 설명하고 있습니다. 기술자들은 예기치 않은 변화나 문제에 직면했을 때도 설계자의 기대에 따라서 정확하고 신뢰할 수 있는 시스템을 구성하는 방법을 신중하게 고려해야 합니다. 안전한 인공지능(AI)을 구축하기 위해서 엄격한 테스트와 검증 그리고 재평가뿐만 아니라 적절한 감독에 대한 메커니즘을 인공지능(AI) 운영에 통합해야 한다고 설명합니다. 설계 과정부터 운영까지 전 과정에서 인공지능(AI)의 안전성은 매우 중요합니다.

인공지능 안전성을 주장한 학자

로만 얌폴스키	데이비드 레슬리
• 특정 인간이 안전한지를 확인하는 문제"로 축소시켜 볼 수 있으며, 이를 안전한 인간문제로 정의 • 패하지 않는 인공지능의 예를 찾는 어려울 것임	• 예기치 않은 변화나 문제에도 정확하고 신뢰할 수 있는 시스템 • 엄격한 테스트와 검증, 재평가

　　인공지능(AI) 안전성은 인공지능의 기술적 한계를 극복하려는 것과 관련 있습니다. 안전한 인공지능(AI)을 통해서 개발자, 이용자의 안전을 지키고 사람들의 복지, 안전, 건강, 권리를 지키도록 하는 기술적인 노력이 바로 인공지능(AI) 안전성인 것입니다.

자율주행차로 살펴본
인공지능 안전성

인공지능(AI) 안전성과 관련된 내용 중 자율주행 자동차는 중요한 이슈입니다. 자율주행 자동차는 소비자, 개발자 등의 다양한 분야의 안전성 문제에 직면해 있습니다. 먼저, 자율주행차의 소비자 측면에서의 안전성입니다. 물체나 환경인식 오류에 대한 사고 위험, 또 돌발 상황에 대처하는 운전의 어려움, 사고 원인이나 책임규명의 한계의 안전성 문제가 있습니다.

자동차는 레이더, 라이더, 그리고 GPS, 주행거리, 측정 장치, 관성 측정 장치 등 다양한 센서를 결합해서 적절한 운전 경로와 장애물, 그리고 표지판을 식별합니다. 자율주행차는 여기에 첨단 센서, 그래픽 처리장치, 여러 대의 카메라를 이용해서 자동차 주변 환경을 모두 보면서 파악하고 받아들인 주변 이미지와 영상을 분석해서 사물 간의 거리 측정, 안전 표지판 의미 분석, 위험 분석, 자동차 및 도로 상황 등을 파악합니다. 고속도로 주행 지원 시스템, 후측방 경보 시스템, 자동긴급제동시스템, 차선 이탈 정보, 차선 유지 시스템, 어드밴스드 스마트 크루즈 컨트롤 등이 필요합니다. 인지 기술, 판단 기술, 통신 기술 등 복잡한 기술이 모두 총집합 돼 있는 것이 바로 자율주행차입니다.

자율주행차의 시초가 되는 자체추진 차량이라는 것이 있습니다.
자체추진 차량, 스스로 움직이는 차량, 이 컨셉을 발표한 사람은 누구일까요?

태엽자동차

이미지 출처 : 구글

정답은 레오나르도 다빈치입니다. 다빈치가 1478년 발표한 차
의 도안입니다. 사실 이 차는 진짜 차이기보다는 장난감 같은 형태
라고 할 수 있습니다. 태엽을 달아서 태엽이 풀어지는 힘을 이용해
서 달려가는 차의 도안이었기 때문입니다.

지금의 자율주행차와 가장 비슷한 개념의 차는 1977년 일본에
서 나왔습니다. 일본 츠쿠바 기계공학연구소는 전면에 장착된 두 개
의 카메라가 미리 표시해 둔 흰색 표시를 찾아서 주행하도록 설계된

그런 자율주행차를 설계했습니다. 이후 1986년 미넨연방대학의 에른스드 딕만 교수는 메르세데스 벤츠의 벤에 카메라와 센서를 달아서 최고 시속 100km의 자율주행차로 개조했습니다. 이 계기를 시작으로 자율주행차 개발은 계속해서 큰 이슈가 되었습니다. 그리고 현재 테슬라, 구글, 우버와 같은 첨단기술업체와 여러 자동차 제조업체들이 자율주행차 개발에 끼어들면서 인공지능 상용화를 앞당기고 있는 상황입니다. 이런 변화에 맞춰서 우리나라도 2019년 4월 30일에 자율주행자동차 상용화 촉진 및 지원에 관한 법률, 약칭으로는 자율주행자동차 법을 제정하며, 자율주행자동차와 관련한 여러 가지 특례와 정책을 빠르게 마련하고 있습니다.

제1조 (목적)에서, 이 법은 자율주행자동차의 도입 확산과 안전한 운행을 위한 운행 기반 조성 및 지원 등에 필요한 사항을 규정하여 자율주행자동차의 상용화를 촉진하고 지원함으로써 국민의 생활 환경 개선과 국가 경제 발전에 이바지 함을 목적으로 한다,

[시행 2022.1.28] [법률 제18346호, 2021.7.27., 일부개정]

우리나라도 자율주행차 이슈는 인공지능과 관련해서 법을 제정하면서 활발히 논의하고 있는 그런 상황입니다. 자율주행차는 인간의 개입 없이 도로와 주행 상황 등 외부 환경의 여러 자료를 변수로 받아들여서 스스로 의사결정을 하므로 기술적인 부분이 큰 이슈가 되고 있습니다. 동시에 인공지능 알고리즘 문제로 인한 사고가 발생하는 등에 관한 안전성에 관한 우려도 큰 상황입니다. 보통 자율주행차는 자동화 단계를 0~5단계로 구분합니다.

미국자동차공학회(SAE)에서 발표한 자율주행 기술 수준 정의(2016년 9월)

레벨 0	**비자동화** • 인간이 운전자, 인간 운전자가 제어 • 자동차 조향, 제동 등에 관한 완전한 통제를 인간이 가짐 • 운전자가 도로 상황을 모니터 함 • 자동차는 경고나 약간의 개입 정도의 역할만 수행
레벨 1	**구분, 보조, 주행** • 인간과 시스템이 제어를 할 수 있음 • 시스템은 일정 부분에만 개입 함 • 스티어링 또는 가속 시스템, 주행 환경에 대한 정보를 사용해서 감속하는 정도의 보조주행이 가능
레벨 2	**부분 자율 주행** • 인간과 시스템이 제어를 할 수 있음 • 특정 조건에서 조향 또는 가속 보조 시스템이 작용. • 필요 시에 운전자가 개입을 할 수 있음
레벨 3	**현 상용화 / 가장 활발히 논의 중** • 주요 통제 기능이 자동화(루즈컨트롤과 차선 유지 장치의 결합 등이 자동화) • 운전자 도로와 주행 상황에 대한 모니터링이 필요한 상황
레벨 4	**고도 자율 주행이 가능 / 상용화 추진 중** • 자율 주행에 의한 운전이 가능 • 도로와 주행 상황에 대해서 운전자의 모니터링이 필요하지 않은 상태 • 특정 상황에서 운전자가 자동차에게 통제 권한을 양도할 수도 있음 • 운전자에게 통제 권한이 다시 전환될 때 운전자에게 확보할 시간도 주어짐
레벨 5	**완전 자율 주행** • 시스템이 완전하게 제어할 수 있는 무인 운송이 가능 • 모든 도로 및 환경에서 완전 자율 주행이 가능 • 운전자라기보다는 탑승자의 개념으로 바뀌는 단계 • 운전대와 페달 제어는 운전자가 가능

우리나라에서도 자율주행 안전 기준 마련을 위한 테스트를 하고 있습니다. 국토교통부에서 제작해서 발표한 자율주행차 관련 영상 〈자율주행 레벨4가 뭐야?〉에 따르면 ,K-city (세계에서 첫 번째, 두 번째 정도 규모의 자율주행 안전 기준 장비를 갖춘 우리나라 유일 자율주행 자동차 테스트 하는 곳)에서 안전 기준 테스트를 하고 있습니다. 그런 안전 기준을 만들기 위해서 사전에 자동차를 어느 정도 개발하고. 그 개발에 맞춰서 기준을 만들고 있습니다.

현재까지 상용화된 부분은 바로 3레벨, 조건부 자율주행입니다. 크루즈컨트롤과 차선 유지 장치의 결합 등을 통해서 자율주행을 할 수 있고 조건부 주행이다 보니까 운전자가 도로와 주행 상황에 대해서 모니터링 해야 하는 상황입니다. 그래서 운전 중에 사고가 난 경우는 일반 자동차처럼 운전자의 책임이라는 주장도 다수를 이루기도 합니다. 무엇보다 자율주행차의 문제는 인공지능(AI) 안전성의 문제입니다. 인공지능 알고리즘이 그 행동의 결과에 대해서 정확히, 그리고 모두를 예측할 수 없다는 점에 있습니다. 그래서 사고가 발생하거나 문제가 발생할 경우, 그에 대한 책임 규명이 어려울 수도 있습니다. 그렇기 때문에 윤리적 대응이나 법적 규율에 대한 논의가 매우 중요한 쟁점입니다.

▨ 자율 주행 자동차의 주요 쟁점

- 도덕 주체자로 볼 것인가?
- 책임의 주체로 삼을 수 있겠는가?
- 사용자가 어디까지 책임을 지는가?

먼저 '자율주행 자동차를 도덕 행위자 또는 행위 주체자로 볼 것인가 말 것인가.' 하는 문제가 있습니다. 또 다른 문제로는 '자율주행차를 책임의 주체로 삼을 수 있겠는가'. 즉, 사고가 발생했을 때 자율주행차에 책임을 물을 수 있을까, 하는 문제입니다. 그리고 '개발자나 사용자, 즉 소유자, 어디까지 책임을 져야 할까.' 이러한 문제들이 있습니다.

현재 자율주행으로 홍보하는 기능들은 레벨2로 분류되는 운전자 보조 기능입니다. 빛의 양, 속도 등에 따라 제한 조건이 비교적 광범위하고, 사람이 시스템을 주도해야 합니다. 어떤 상황에서 얼마큼 위험한지 정확히 알 수 없는 데다, 기능만 믿고 사고가 나면 책은 온전히 운전자의 몫입니다. 국내에 판매되는 자동차 판매사나 또는 제작사의 주의 의무를 좀 강조할 필요가 분명히 있다고 보고 있습니다. 시간이 갈수록 자율주행차를 표방하는 기능들이 속속 차량에 탑재되고 있지만, 관련 사고 공식 통계는 집계되지 않고 있습니다.

국가별 자율주행 사고 책임 논의

현재까지 주요 국가에서 자율주행차 사고 책임에 대해 논의된 바는 레벨3 ~레벨4도 진행되고 있습니다. 레벨3은 조건부 자율주행 상황에서 사고 시에는 자동차 소유자의 책임으로 하도록 법안을 개정했습니다. 미국의 경우에는 소유자 책임으로 하되 현행 제조물 책임법을 적용하고 있으며. 영국의 경우에는 소유자 책임으로 하되 구상권 청구가 가능하여 지도록 하고 있습니다. 독일의 경우에는 레벨

3, 레벨4 단계에 대해서 운행 중 사고는 소유자가 가입한 보험회사에서 보상하도록 하고 있습니다. 시스템 오류로 인한 사고인 경우에는 자동차 제조자가 보상하게 되어 있습니다.

그리고 대인, 대물배상 보상한도액을 기존 보상한도액의 두 배로 인상하여 적용하도록 하고 있습니다. 자율주행차가 5레벨, 즉 완전 자율이 될 경우에는 책임 문제의 관점이 달라질 수밖에 없습니다. 자율주행차가 도덕 행위자 또는 행위 주체자인가 아닌가를 논의되어야 합니다. 만일 책임의 주체로 삼는다면, 개발자나 사용자 등은 책임을 무조건 면제하는 잘못된 논리로 비하될 수도 있습니다.

자율주행의 윤리적인 프로그래밍 사례 연구

자율주행차의 윤리적 쟁점과 관련해서 윤리적인 프로그래밍 측면을 고려해 볼 수 있는 자료로는 저디스(Gerdes)와 손튼(Thornton)의 3법칙, 그리고 로하스(Rojas)의 4법칙이 있습니다. 이러한 법칙의 기준이 된 사례는 아이작 아시모프(Isaac Asimov)의 로봇 3원칙입니다.

아시모프는 자기 소설 로봇 3연작에서 '인류에게 해를 입혀서는 안 된다. 그리고 위험에 처한 인간을 방관해서도 안 된다,' 라는 원칙을 시작으로 로봇의 원리, 로봇의 윤리들을 정의하고 있습니다. 이러한 의무론적 관점의 법칙에 맞춰서 자율주행차에도 적용한 것이 바로 저디스와 손튼의 3법칙과 로하스의 4법칙입니다.

저디스와 손튼의 3법칙	로하스의 4법칙
제 1법칙 자동화된 자동차는 보행자 또는 자전거 운전자와 충돌해서는 안 된다.	**제 1법칙** 자동차는 인간을 해치거나, 혹은 부작위로 인해서 인간에게 위험을 초래해서는 안 된다.
제 2법칙 자동화된 자동차는 충돌을 회피하는 것이 제1법칙과 상충되는 경우를 제외하고는 다른 자동차와 충돌해서는 안 된다.	**제 2법칙** 자동차는 제1법칙과 상충되는 경우를 제외하고는 교통 법규를 준수해야 한다.
제 3법칙 자동화된 자동차는 충돌을 회피하는 것이 제1법칙 또는 제2법칙과 상충되는 경우를 제외하고는 주변의 그 어떤 대상과도 충돌해서는 안 된다.	**제 3법칙** 자동차는 인간이 내린 명령이 제1법칙 또는 제2법칙과 상충되는 경우를 제외하고는 인간의 명령에 복종해야 한다.
	제 4법칙 자동차는 제1법칙, 제2법칙 또는 제3법칙과 상충되지 않는 한, 자신의 존재를 보호해야 한다.

저디스와 손튼의 3법칙

제 1법칙은 '자동화된 자동차는 보행자 또는 자전거 운전자와 충돌해서는 안 된다.' 라고 되어 있습니다. 이 저디스와 손튼의 법칙에서는 1법칙에서 보행자, 자전거 운전자라는 유형을 규정을 하고 있습니다. 2법칙, 자동화된 자동차는 충돌을 회피하는 것이 제1법칙과 상충 되는 경우를 제외하고는 '다른 자동차와 충돌해서는 안 된다.' 라고 하고 있습니다. 이렇게 제 2법칙에서는 타 자동차를 또 하나의 유형으로 규정하고 있습니다. 제 3법칙은 자동화된 자동차는 충돌을 회피하는 것이 '제 1법칙 또는 제 2법칙과 상충하는 경우를 제외하고는, 보행자, 자전거 운전자, 타 자동차와의 충돌 문제를 제외하고는 주변의 그 어떤 대상과는 충돌해서는 안 된다.' 라고 제시하고 있습니다. 이처럼 보행자, 자전거 운전자, 타 자동차, 그 밖의 대상이라는 유형과 충돌해서는 안 된다는 것이 2법칙의 특징입니다.

로하스(LOHAS)의 4법칙

제 1법칙, '자동차는 인간을 해치거나 혹은 부작위로 인해서 인간에게 위험을 초래해서는 안 된다.'고 제시돼 있습니다. 이는 아시모프의 로봇 3원칙하고 비슷합니다. 제 2법칙은, '자동차는 제1법칙과 상충되는 경우를 제외하고는 교통 법규를 준수해야 한다.'라고 하고 있습니다. 즉, 인간을 해치거나 인간에게 위험이 되는 경우를 제외하고는 교통 법규를 반드시 지켜야 한다는 것입니다. 로하스 법칙에서는 이것처럼 교통 법규라는 것을 객관적인 기준으로 설정한 것을 볼 수 있습니다. 3법칙은. '자동차는 인간이 내린 명령이 제1법칙 또는 제 2법칙과 상충되는 경우를 제외하고는 인간의 명령에 복종해야 한다.'라고 되어 있습니다. 마지막 4법칙은 '자동차는 제 1법칙, 제 2법칙 또는 제 3법칙과 상충되지 않는 한, 자신의 존재를 보호해야 한다.'라고 설정하고 있습니다.

우리나라의 자율주행 차의 쟁점과 정책과제

우리나라의 경우 자율주행차와 관련하여 4차산업혁명위원에서 발표한 보고서 속 자율주행차 쟁점이 있습니다. 4차 산업혁명 시대의 산업별 인공지능 윤리의 이슈 분석 및 정책적 대응방안 연구라는 보고서가 있습니다. 이 보고서에서 제시한 자율주행차의 각 개발 단계 행위자 별 윤리적 쟁점들이 자세하게 제시돼 있습니다.

첫 번째 단계는 개발 단계에서의 윤리적 쟁점입니다.

개발 단계에 해당하는 행위 주체자인 개발자에 관련된 쟁점은, '인간에 대한 안전 보호 의무 및 사회 윤리적 공리를 반영하는 알고리즘을 개발해야 한다.'고 제시하고 있습니다. 또 행위주체자 중 제조사의 입장에서는 알고리즘 개발 과정의 투명성 제고가 윤리적 쟁점에서 중요한 부분입니다. 그리고 공적 주체도 있습니다. 공적 주체라는 것은 중앙이나 지방행정부를 말합니다. '자율주행차의 개발 및 상용화를 위한 positive, 즉 긍정적인 규제 방식을 채택해야 한다. 그것이 윤리적 쟁점이다.'라고 합니다. 금지조항을 최소화하고, 디폴트적 허용이 필요하다고 하고 있습니다. 너무나 금지조항이 많으면 그것 때문에 자율주행차를 개발하는데 방해가 될 수 있기 때문입니다. 또 소비자라는 주체가 있죠. 운행자를 포함하고 있습니다. 이 소비자 측면의 윤리적 쟁점은 윤리적 기준에 자율적 선택권 보장에 대하여 요청해야 합니다. 그리고 시민단체도 있습니다. 이 시민단체는 보행자를 포함합니다. 사회적 수용성 판단을 위한 공론의 의견 형성 및 반영을 요청할 수 있는 부분이 윤리적 쟁점입니다.

다음 단계는 인허가 단계에서의 쟁점입니다.

개발자 및 제조사는 시험 운행 단계에서의 윤리 기준을 충족하고 운행 결과에 대한 정보 공개의 책무성에 관한 윤리적 쟁점이 있습니다. 여기서 책무성이라는 것은 결과에 대한 대응과 관련된 책임, 이것과 더불어서 왜 그러한 결과가 나왔는지 까지를 설명 할 수 있는 것이 바로 책무성입니다. 즉, 책무성은 단순히 결과에 책임을 지는 것뿐만 아니라, 인공지능(AI) 개발 수행 전부터 그 과정, 그리고 개발 이후까지 책임 분배를 명확하게 합니다.. 또 발생 가능한 문제에 대한 대안을 수립함으로써 AI와 관련된 특정 이해당사자가 수행한 행위, 의무, 행위 정당성, 이런 것들에 대해서 충분히 설명이 가능할 정도가 되는 것이 책무성입니다. 인허가 단계의 윤리적 쟁점으로 공적 주체가 있습니다. 이 공적 주체는 인허가 단계에서 인허가를 위한 윤리적 검증 기준의 정립 그리고 적용, 이러한 윤리적 쟁점이 발생합니다. 또 소비자와 시민단체는 인허가 과정에서 윤리 문제에 대해서 모니터링 하고 의견 개진 절차를 요청할 수 있어야 합니다.

상용 단계의 쟁점도 있습니다. 행위 주체 중에서 개발자는, 알고리즘에서 사회윤리 및 사회적 수용성에 지속적인 변화 추이를 반영해야 하는 이슈가 있습니다. 제조사의 경우는 자율주행차의 제조물 책임 보험을 통한 사후적 차원에서의 윤리 문제를 고려해야 합니다. 또 법인 내 기관, 윤리 위원회라는 것을 조직하고, 운영을 통해서 윤리 문제의 절차주의적 해결을 하도록 해야 합니다. 공적 주체, 즉 중앙 및 지방행정 정부는 국가 사회적 차원에서 공적 위험 분배를 위한 사회 보험 등 공적 기금 확보를 해야 합니다. 인허가 단계의 윤리 기준 충족 여부에 대해서 사후적 검증 도구를 마련해야 하는 이슈가 있습니다. 또 한창 개발 중인 스마트 시티, 지능형 도로교통체계화의 연계와 따른 보안 문제 해소 방안도 마련해야 합니다. 상용 단계에서 소비자에 관한 쟁점을 살펴보면, 윤리적 프로그래밍에 대한 선택권과 자기 결정권 보장의 지속적인 유지가 필요합니다. 또 시민단체는 사회윤리 및 사회적 수용성 관련해서 지속적인 의견 형성을 위한 공론에서의 촉매 기능도 필요합니다. 도로교통체계의 지능화로 인한 프라이버시나 개인정보 침해 예방, 이런 것들에 관한 모니터링이 필요합니다.

네 번째 이야기

인공지능 기술과 법

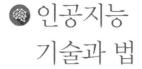인공지능 기술과 법

인공지능과 법

법조 분야에서도 인공지능이 활용 됩니다. 가령, 검사나 판사들이 데이터를 놓고 본다면 어떤 범죄에 대한 문제인지를 판단할 때 굉장히 방대한 자료를 살펴봅니다. 그런데 그 자료들이 데이터화 되어 있다면 굉장히 편할 것입니다. 실제, 법무법인 율촌에서는 〈e-Yulcheon〉이라는 프로그램을 만들었습니다. 370만 개 정도의 사건을 분석해서 데이터화 했습니다. 이를 통해, 청탁금지법 등의 가이드라인으로 제공하기도 하고, 약사법 등의 공정에 관련된 규약을 진단하기도 합니다.

▨ 인공지능 법의 예시

---

e-Yulcheon

- 2014년 법무법인"율촌"에서 개발
- 370만 케이스의 접촉 경우를 상정 청탁금지법 가이드
- 약사법 공정경쟁규약 준수 진단 앱

JUDITACA Cleck

- 재판 준비서면의 강점과 약점을 분석 후 보강 방안 제시
- 준비서면의 논리와 논점을 평가하여 주의 문장을 식별
- 작성 시 발생되는 형식과 참조 에러를 수정

COMPAS

- 미국 Northpointe 사의 범죄인의 재범 가능성 여부 평가
- 불구속 시 재범 혹은 재판 불출석 여부 평가
- 석방 시 새로운 범죄 가능성 예측
- 석방 시 폭력 범죄 가능성 예측
- 재범 가능성이 높은 사람으로 흑인을 오류 예측할 확률 2배 높게 보고
- 재범 가능성이 낮은 사람으로 백인을 오류 예측할 확률 2배 높게 보고

그런데 그 데이터가 잘못되었다면, 어떻게 될지 살펴보아야 합니다.

범죄가 없다고 이야기 해야 되는데, 범죄가 있는 것처럼 표현할 수 있습니다. 논리적으로 범죄 사실은 해석하기에 따라 여러 가지 형태로 섞이게 되거나 잘못 해석하게 되면 불리한 형태의 진술이 나오게 될 수도 있습니다. 그런 경우, 인공지능(AI) 데이터가 정확하게 논리적으로 맞았는지를 기존의 데이터를 해서 매치해 보면, 제대

로 만들어졌는지를 파악할 수 있습니다.

민법, 지식재산권과 관련한 법, 형법, 개인정보보호법
공정거래법, 도로교통법, 제조물책임법

우리가 인공지능(AI)윤리와 관련해서 법 제도에 대해서 알아야 합니다. 첫 번째로 인공지능에 대한 연구는 보통 윤리적인 접근과 법 제도적 접근 두 가지 방법이 있습니다. 이 두 가지는 별도로 나누어서 논의되지 않고, 함께 병행적으로 논의되고 개정이 되고 있습니다. 인공지능(AI) 문제는 우리 인간의 안전, 생명 등과 관련이 되기 때문에 이것을 윤리적인 규범으로만 생각하고 넘어가 버리면 결국 책임을 져야 하는 대상에 대해서 구체적인 책임을 물을 수 없는 문제가 발생할 수 있습니다. 따라서 인공지능은 반드시 개발과 사용에 대한 문제, 피해에 대한 책임 소재, 피해 후의 회복, 이러한 것을 위해서 윤리 규범을 구체적으로 적용하기 위한 정책이나 법 제도 등이 필요합니다. 그리고 인공지능 알고리즘 로봇 등에 대한 윤리 규범은 법과 밀접한 관계가 있습니다. 인공지능은 자율성을 가지는 기계이기 때문에 인공지능 기술과 관련해서는 앞으로 어떤 잠재적 위험 이슈가 발생할지도 모릅니다. 그래서 안전하고 윤리적인 인공지능 개발을 위한 우리나라의 관련 법 현황을 살펴볼 필요가 있습니다. 인공지능과 관련된 법 제도는 아직 세계적으로 정확히 마련되어서 적용되고 있는 것은 아닙니다. 인공지능(AI)에 관한 윤리적 규범 논의는 활발하게 논의되는 한편, 법으로 확정되기까지는 고려해야 할 사항들이 너무 많고, 관련 분야도 다양합니다. 그래서 아직은 인공지능이 만들어 내는 혁신적인 변화와 사회적 수용 그리고 인간 중심 체계에서 기계적인 알고리즘으로 대체되고 있는 이 상황에 맞게 법 제도를 보완하거나 새로운 입법 전략 등이 제시되고 있는 상황입니다. 그렇기 때문에 여러 법 제도의 이슈들을 살펴보면서 앞으로 어떻게 법 제도가 변화할 것인지를 예측해 볼 필요가 있습니다.

민법

로봇 어드바이저로 인공지능(AI) 알고리즘을 통해 자산도 자동으로 운용되고, 주식 거래, 펀드에서 자동 매매가 증가하고 있습니다. 만약, 인공지능을 통해서 계약을 체결하는 경우, 문제가 발생했을 경우 누가 법적인 책임을 져야 할지, 또 고의 또는 과실로 인해서 타인에게 손해를 끼친 위법행위를 불법행위라고 한다면, 민법 중에서 인공지능(AI)와 관련해서 계약과 불법행위 이슈가 있습니다.

법적으로 법률행위라는 것이 성립하기 위해서는 일반적으로 당사자인 '나'가 목적을 '사겠다 사지 않겠다'의 뜻을 대상 '로봇 어드바이저'에게 요구 등의 요건이 갖추어져야 합니다. 그 외의 경우에는 특별히 요구되는 규정들이 따로 정해져 있습니다. 만일 대리인이 있을 경우에 대리권의 범위는 여러 법정 대리인에 관한 규정이 있기 때문에 그에 따라서 범위가 결정됩니다. 그리고 법률행위라는 것은 성립하기 위한 요건이 충족되면, 그때 효력 발생 요건을 갖추게 됩니다. 이처럼 계약 관계에서 문제가 발생할 경우에 누가 계약을 체결했는가에 따라서 계약관계를 법적으로 어떻게 파악해야 되는지와 또 분쟁을 어떻게 해결해야 되는지, 이런 것들이 달라지게 됩니다. 계약 체결 시에 계약의 승낙은 계약 당사자가 하지만 대리인이 계약을 체결하게 되는 그런 경우들도 있습니다.

그런데 만약에 인공지능(AI)이 계약을 체결하게 된다면 어떻게 될지 사람이 대리인인 경우는 계약 당사자에게 의견을 묻고, 그 당사자의 결정에 따라서 자신이 계약을 체결하게 됩니다. 인공지능(AI) 에이전트가 계약을 하게 된다면 그 에이전트를 법에서의 하나의 인격체라고 볼 수가 있을지 AI는 단순히 기계가 아닌 사람과 가까운 자율성을 가진 기계이기 때문에 계약 과정 하나에서도 잠재된 여러 문제들이 숨어있습니다. 그렇다고 인공지능(AI)에 의한 체결을, 즉 자율성을 가진 AI가 한 일에 대해서 인간이 모두 책임을 져야 한다, 라는 것도 문제가 될 수 있습니다. 따라서 인공지능(AI)이 체결하는 계약에 대해서는 인공지능 자율성과 관련해서 계속 논의 대상이 되고 있습니다.

고의 또는 과실로 인해서 타인에게 손해를 끼친 위법행위를 불법행위라고 합니다. 불법행위는 특정한 행위와 발생한 손해 사이의 인과관계가 확인되어야 불법행위로 인정이 됩니다. 또 불법행위가 인정이 되어야 개인적인 손해나 신체적인 상해에 대해서 손해를 본 당사자가 손해배상을 받을 수 있게 됩니다. 불법행위 시에는, 손해를 끼친 사람에게 책임을 묻는 것이 맞습니다. 그런데 만일 인공지능(AI)의 불법행위로 발생한 손해는 누군가가 책임져야 하는데 이 또한 현재 민법에서의 이슈입니다.

지금의 민법은 책임 주체가 인간이지만, 앞으로는 책임의 주체가 인공지능(AI)이 될 수도 있습니다. 인공지능(AI)가 책임의 주체가 되면 극단의 경우에 인공지능(AI)에게 불법행위를 하도록 알고리즘을 넣은 개발자가 발생할 경우도 있습니다. 또 사용자가 인공지능(AI)의 불법행위를 묵인한 경우라면 논의가 달라질 수 있습니다. 인간이 책임을 회피하려는 수단으로 인공지능(AI)을 이용해서는 안 될 것입니다. 이러한 사항과 관련해서 우리나라는 2020년 말, 「인공지능 시대를 준비하는 법·제도·규제 정비 로드맵」을 발표했습니다. 인공지능이 계약을 체결한 경우에 이를 대리인에 의한 행위로 간주할 수 있는지 여부와 인공지능이 발생시킨 손해배상 범죄에 대해서 권리구제가 가능하도록 민법 개정, 행정 처분 신설, 이러한 것들의 여부에 대해서 23년부터 검토하겠다고 발표한 바 있습니다.

지식재산권

지식재산권이라는 용어는 예전에 지적재산권이라고 불렸습니다. 지식재산권이란, 저작권, 산업재산권, 신지식재산권을 통틀어서 이르는 말입니다.

저작권
- 학문의 연구 결과나 문예창작물에 대해서 인정되는 배타적인 권리

- 소설과 같은 문화, 화가가 그린 그림과 같이 예술 분야의 창작물에 대한 권리

산업재산권

- 새로운 산업적 발명이나 실용적인 고안 또는 상품의 형태나 상표의 고유성에 대해서 인정하는 권리
- 특허권, 실용신안권, 디자인권, 상표권 등

신지식재산권

- 경제사회 또는 문화의 변화나 과학기술의 발전에 따라서 새로운 분야에서 출현하는 지식재산에 대한 권리
- 반도체 직접회로, 생명공학, 인공지능 등에 관한 것들

우리나라는 국가법정정보센터를 통해 「저작권법 제2조」에서 저작물을 정의하고 있습니다.

저작권법
[시행 2021. 6. 9.] [법률 제17588호, 2020. 12. 8., 일부개정]

제1조(목적)
이 법은 저작자의 권리와 이에 인접하는 권리를 보호하고 저작물의 공정한 이용을 도모함으로써 문화 및 관련 산업의 향상발전에 이바지함을 목적으로 한다. 〈개정 2009. 4. 22.〉

제2조(정의)

이 법에서 사용하는 용어의 뜻은 다음과 같다. 〈개정 2009. 4. 22., 2011. 6. 30., 2011. 12. 2., 2016. 3. 22., 2021. 5. 18.〉

1. "저작물"은 인간의 사상 또는 감정을 표현한 창작물을 말한다.

2. "저작자"는 저작물을 창작한 자를 말한다.

⋮

이하 생략

현행 「저작권법」은 저작자의 인격적 권리와 재산적 권리 그리고 저작자와 인접한 권리 등을 보호하고 있으며, '저작물은 인간의 사상 또는 감정을 표현한 창작물'이라고 한정하고 있습니다. 즉, 현행의 저작권법은 인간이 만들어 낸 창작물에 대해서만 그 권리를 인정하고 있습니다. 「저작권법 제2조」는에서 살펴 본 바와 같이 '인간의 사상과 감정을 표현한 창작물'이라고 정의되어 있습니다. 과거 태국에서 코끼리가 그린 그림이 저작물로 보호되지 못한 근거가 「저작권법」에 있었습니다. 코끼리의 작품은 인간의 사상과 감정이 아니기 때문이었습니다.

인공지능과 저작권

「저작권법」의 목적은 궁극적인 목적은 저작권의 보호가 아니라, 저작권을 통해서 문화의 산업을 발전시키는 것입니다. 문화의 산업 발전은 공유 재산, 즉 누구나 사용할 수 있는 저작물이 많아질 때 가능합니다. 공유 재산으로써 누구나 사용할 수 있는 저작물이 많아지는 것이 저작권법 원칙, 목적에 부합하는 것입니다. 인공지능은 여러 가지 창작물을 만듭니다. 인공지능(AI) 샤오빙이 '햇살은 유리창을 잃고'라는 소설책을 만들었고, 인공지능(AI) 플로 머신즈(flow-machint)는 〈데드스카〉라는 노래를 만들었습니다. 구글 인공지능(AI) 딥드림은 〈별이 빛나는 밤〉이라는 그림을 그렸습니다. 이러한 창작물들은 우리가 흔히 인간이 만들어 낸 소설책, 인간이 만들어 낸 그림, 그것과 별로 다르지 않습니다. 그렇다면 이러한 창작물들을 어떻게 할 것인가, 어떻게 보호할 것인가, 라는 문제를 우리가 해결해야 하는 과제를 가지고 있습니다.

인공지능 창작자 구분

도구로써의 인공지능	독립적 행위자인 인공지능
• 인간의 직접적인 가이드가 필요 • 인간이 직접 입력값을 입력 • 최종 결과물 예측 불가	• 인간의 직접적인 개입 없음 • 인공지능 스스로 입력값을 입력 • 최종 결과물 예측 불가

인공지능 창작물의 경우, 인공지능을 어떻게 보느냐에 따라 달라집니다. 인간 저자의 '도구로써의 인공지능'과 '독립적 행위자인 인공지능' 이렇게 두 가지로 나. 인간 저자의 도구인 인공지능은 인간의 직접적인 가이드가 필요하고, 도움이 필요하고, 또는 인간이 직접 입력값을 명령하거나 입력 해야됩니다. 그림의 예를 들어보면, 그림의 색깔, 브러시의 크기, 스토로크의 크기 등을 직접 입력합니다. 0

에서 몇, 7에서 8까지 구간들을 입력하고, 이러한 입력 값에 따라서 인공지능이 창작하는 방식입니다. 이 경우는 작가가 결과가 정확하게 예측할 수는 없습니다. 이것은 인공지능과 인간(작가)의 합작품이라고 할 수 있습니다. 따라서 인간은 그러한 창작물에 의해서 만들어진 결과물, 창작에 의해서 만들어진 결과물에 대해서 법적 권리를, 즉 저작권법 상의 저작권을 주장할 수 있다고 보여집니다.

'독립적 행위자인 인공지능'의 경우에는 인간의 개입이 없는 창작 과정입니다. 흔히 알려진 섬유의 불규칙한 모양을 무작위로 생산하는 경우가 있습니다. 인공지능이 무작위로 천에 입힐 무늬를 만들어 냅니다. 이 과정에서 인간의 개입은 전혀 없으며, 인공지능이 혼자 만들어 냅니다. 이러한 특성을 '무자비성'이라고 하는데 인공지능 혹은 지능화 기계가 만들어 낸 것이기 때문에 인간의 권리, 법적 권리, 즉 저작권법상 권리를 주장할 수 있을지 모호해지고 있습니다.

인공지능(AI) 지식재산권 첫 번째 논의, 저작물로 인정 받을 수 있는가?

인공지능(AI)과 관련한 지식재산권 논의가 전 세계적으로 진행 중입니다. 이유는 인공지능(AI) 자체가 인간의 저작물(프로그램)로부터 시작된 고도의 지능형 기술이기 때문입니다. 그렇기 때문에 저작물의 보호 대상으로 거론되는 프로그래머, 공동 저작자까지 논의의 대상이 되고 있습니다. 또한, 현재 이뤄지고 있는 인공지능과 관련해서 저작권 논의 중 하나가 '업무상 저작물'입니다.

"업무상저작물"의 개념

"업무상저작물"이란 법인·단체 그 밖의 사용자(이하 "법인 등"이라 함)의 기획 하에 법인 등의 업무에 종사하는 자가 업무상 작성하는 저작물을 말합니다(「저작권법」 제2조제31호).

업무상저작물의 저작자

법인 등의 명의로 공표(컴퓨터프로그램 저작물은 제외)되는 업무상저작물의 저작자는 계약 또는 근무규칙 등에 달리 정한 것이 없는 경우에는 그 법인 등이 된다(「저작권법」 제9조).

미국 업무상 저작권

미국에서 실제 업무상 저작권 귀속 여부의 판례가 있습니다. 2016년 11월 14일 사피니아(Safinia/대본작가)는 영화 대본의 2016년 버전 개작(이하 '2016년 버전 대본')을 완성하고 자신을 저작권자로 하여 2017년 8월 4일 저작권 등록했습니다. 하지만 2007년 1월 8일 Airborne Productions, Inc(이하 'Airborne')과 업무상저작물 작성 및 그에 대한 저작권 귀속에 관하여 정한 Certificate of Authorship(이하 'COA')를 체결한 상태였습니다. 이에 미국저작권청과 법원은 업수상 저작권을 주장할 지위에 있지 않다는 판결을 한 바 있었습니다.

'업무상 저작물'의 경우, 저작권은 회사가 가지기 때문에, 현행법으로는 인공지능(AI) 알고리즘이 작성해 낸 창작물은 저작권을 누구에게 귀속시킬 것인지 명확하지 않습니다. 인공지능(AI)을 직원으로 볼 수 있느냐라는 문제가 발생하며, 인공지능(AI) 알고리즘의 소속권 자체가 회사에 포함된 내용이기도 하기 때문입니다. 이러한 문제는 산업재산권에서도 동등하게 발생합니다. 인공지능이 만들어 낸 핵심기술이나 디자인의 경우, 특허 혹은 디자인권이 보호받을 수 있느냐는 문제도 논의 중입니다.

법원, 계약에 따라 업무상저작물 창작 작업을 수행한 자는 이를 개작한 저작물의 이용에 대하여 저작권 침해를 주장할 수 있는 지 위에 있지 않다.

업무상저작물인 대본의 창작 행위를 실제로 수행한 다음 퇴사한 직원이 이를 개작하여 자신의 이름으로 저작권 등록 하였다면 퇴사 이후 개작한 대본에 기초한 영화 제작으로 인하여 자신의 저작권이 침해되었다고 주장할 수 있는 지위에 있는지 여부가 문제된 사안에서 법원은 2019년 3월 20일 그 직원이 업무상저작물을 퇴사 이후에 개작한 대본에 대해서도 저작권을 가지지 않으므로 저작권 침해를 주장할 지위에 있지 않다고 판단함.

출처 : 한국저작권위원회 저작권 동향 2019년 제07호

일본, 인공지능의 저작권을 보호

2018년 5월에 개정한 일본 저작권법이 2019년부터 시행되었습니다. 일본은 저작권법이 인공지능과 빅데이터 산업의 발전에 장애가 되지 않도록 비실명 정보의 활용을 지원한다는 것을 골자로, 인공지능의 머신 러닝을 위하여 기존 저작물을 분석, 이용하는 것을

허용하고 머신러닝 과정에서의 부수적인 이용도 가능하도록 개정됐습니다. 일본은 〈인공지능위원회〉를 설립하고, 사물인터넷, 빅데이터, 로봇 그리고 인공지능 관련 산업의 지원과 육성에 힘쓰기 위해 〈지식재산전략본부〉가 추진 계획을 결정하고, 인공지능 창작에 대한 투자나 이용을 촉진하고 있습니다.

인공지능(AI) 기술이 산업이라는 측면을 더욱 강조한 일본은 '인공지능(AI)에 저작권을 인정할 필요가 있다.'고 한 상황입니다. 다만 보호 기간 등에서 인간보다는, 인간에게 주어지는 어떤 권리보다 짧게 한정하고, 권리에 대한 제한을 가하는 방식으로 차별을 두자는 입장입니다.

미국은 인공지능에 저작권을 부여하지 않는 것이라고 보면 일본은 인공지능에 저작권을 부여하되 차별을 두자는 입장입니다. 이것은 저작권의 보호라고 하는 '얇은 저작권 보호(Thin copyright protection)'이라는 기준으로 삼아야 한다고 말합니다. 「얇은 저작권」이란 법원에서 어떤 것이 매우 창의적이지 않은 것으로 간주 되는 경우로, '얇은' 보호는 문자 그대로의 저작권 소유자 보호만 제공합니다. 권리 범위도 좁게, 보호 기간도 좁게 보호해야 한다는 의미입니다. 보통의 인간이 창작한 창작물의 경우, 저작권의 보호 기간이 사망 후 70년이라면, 데이터베이스 제작자의 보호기간을 굉장히 짧은 5년으로 하는 것이 어떨까 하는 견해가 있습니다.

인공지능(AI) 지식재산권 두 번째 논의, 학습 과정에서 일어나는 저작권 침해는 해결 가능한가?

지식재산권과 관련한 두 번째 쟁점은 인공지능 학습 과정에서 일어날 수 있는 저작권 침해 문제입니다. 우리나라를 비롯하여 각국의 입법례는 새로운 공정이용 조항 내지 TDM(Text Data Mining) 허용 조항을 두어 인공지능 학습 단계에서 발생할 수 있는 저작권 침해 문제를 해결해 보려는 중입니다. 이는 인공지능 학습 단계에서 대규모의 데이터가 입력되기 때문에, 데이터 학습을 통한 과정에서 저작권 침해가 일어날 수 있기 때문입니다. 알파고의 경우, 바둑 기사들이 두었던 16만 건 이상의 기본 데이터를 학습했습니다. 어디선가 가져온 빅데이터에 기반해서 그 방법을 창작해 낸 것입니다. 빅데이터라는 것은 지능정보사회에서 매우 중요한 자원입니다. 따라서 이것을 사용 하는데 있어서 정보에 대한 권리 침해가 없어야 합니다. 그에 따라 세계 각국은 특히 인공지능의 기계학습에 의한 저작물 이용을 중심으로 대응책을 마련하고 있습니다. 영국과 일본은 인공지능의 기계학습 과정에서 일어날 수 있는 저작권 이용 면책조항을 새롭게 만들었으며 독일에서도 학술연구를 위한 텍스트 및 데이터마이닝에 대한 면책조항을 마련했습니다. 우리나라에서도 빅데이터의 저작물 이용에 대한 논의와 인공지능을 저작자로 인정하는 방안에 대한 논의가 이루어지고 있습니다.

또한, 인공지능(AI)이 사용하는 데이터의 양은 매우 광범위한 양입니다. 너무나 광범위하에 데이터 자체를 보호할지, 아니면 보호 대상에서 제외할 것인지도 논의의 대상입니다. 4차 산업혁명에 대응하기 위해 빅데이터, 인공지능 등 신기술 분야의 특허 선정과 보호, 관련 제도 정비 등의 국가 전략을 추진하고 있습니다. 또한 각 부처별로 인공지능, 빅데이터, AR, VR, IoT 등 4차 산업혁명 시대의 지식재산 이슈에 대해 대응하고 있습니다. 신기술로 삶이 더욱 윤택해지는 4차 산업혁명 시대를 맞이하기 위해 무엇보다 기술 변화로 인한 다양한 문제와 사회적 영향을 적극적으로 논의할 수 있는 시스템이 필요합니다. 우리나라는 여러 분야의 산업에서 빅데이터의 분석 및 활용이 이뤄지고 있는 상황에서 이용되는 데이터가 저작물인 경우에 인공지능과 빅데이터 기술을 활용한 데이터마이닝이 기존의 저작재산권의 제한 규정으로는 허용되기 어렵다는 점에서 관련 산업계의 입법 요구가 있었습니다. 인공지능 시대를 준비하는 법 제도 규제 정비 로드맵은 법적 기반을 마련한다고 하였습니다. 대량의 데이터 분석과 인공지능 학습이 가능하도록 21년 상반기부터 저작권법을 개정, 인공지능 창작물 투자자나 개발자의 지식재산권 인정 여부도 검토해 나가겠다고 발표했습니다. 23년부터는 민법, 형법과 관련해서 인공지능의 법인격과 관련한 법체계 개편을 장기 과제로 추진하겠다고 발표한 바 있습니다.

현재 비지도 학습(GAN: Generative Adversarial Networks)을 이용한 인공지능(AI) 미술품, NLP를 이용한 챗봇, 언어번역의 수준을 보면 인공지능 기술의 학습이 얼마나 중요한지도 설명되고 있습니다. 학습용 데이터를 작성하고, 인공지능(AI) 알고리즘에 의한 기계학습의 학습된 모델이 '어떤 저작물'이기 때문입니다. 이 문제를 「저작권법」에서는 다음과 같이 명시하고 있습니다.

제35조의2(저작물 이용과정에서의 일시적 복제) 컴퓨터에서 저작물을 이용하는 경우에는 원활하고 효율적인 정보처리를 위하여 필요하다고 인정되는 범위 안에서 그 저작물을 그 컴퓨터에 일시적으로 복제할 수 있다. 다만, 그 저작물의 이용이 저작권을 침해하는 경우에는 그러하지 아니하다.

저작권법
[시행 2012. 3. 15] [법률 제11110호, 2011. 12. 2., 일부개정]

과연, 이런 과정이 일시적인 복제라고 볼 수가 있을지 만약, 인공지능(AI)의 학습 데이터와 유사한 산출물이 나왔다고 하면, 과정상에서 일어나는 일시적 복제라고 볼 수 있을지 의문이 있습니다. 또한, 저작권 침해인지 아닌지를 어떻게 판단해야 할지에 관한 규정이 필요한 시점입니다.

인공지능(AI) 지식재산권 세 번째 논의, 알고리즘 지식재산권 인정할 것인가?

세 번째 쟁점은 인공지능 알고리즘의 지식재산권 문제입니다. 신지식재산권이란 생명공학, 정보통신 등 첨단기술의 발전으로 새롭게 탄생하는 창작물을 보호하는 지식재산권입니다. 인공지능 알고리즘은 「신지식재산권」으로 보호하고 있습니다. 현재 인공지능(AI) 알고리즘은 오픈소스로 제공되고 있는 것도 있습니다. 따라서 인공지능 알고리즘 보호에 대한 것도 계속 논의가 필요합니다.

과거의 기술이 인간을 보조하는 성격이 강했다면, 현재와 미래의 기술은 인간이 하는 일을 대체하도록 발전하고 있습니다. 특히 4차 산업혁명 시대의 핵심기술 분야 중 하나인 인공지능은 우리의 예상보다 빠르게 발전하여 스포츠 중계, 주식 등 반복적이고 예측 가능한 기사의 작성은 로봇이 하고 있으며 중국에서는 인공지능 앵커가 뉴스를 진행하기도 했습니다.

2016년 12월 범정부차원에서 제2차 국가지식재산기본계획에는 인공지능 창작물 저작물 보호에 대한 연구와 법제도 정비가 추진된다는 내용이 들어 있는데 수년 안에 방안이 나올 것입니다.

형법

인간과 유사한 수준의 인공지능 로봇에 의하여 야기된 법익침해적 결과에 대하여 인공지능 로봇의 형사책임을 인정할 수 있는지 또는 인공지능 로봇을 인간과 동등한 형법의 주체로 인정할 수 있는지가 중요합니다.

「형법」은 무엇이 범죄이고, 그것에 어떠한 형벌을 가할 것인가의 내용을 담고 있습니다. 「형법」에 의한 범죄의 성립과 처벌은 그 행위가 범죄로 구성될 경우 그에 대한 법적 효과로 형벌을 부과하게 됩니다. 인공지능을 탑재한 로봇이 형법상 책임을 지기 위해서는 인공지능 로봇이 인간처럼 독립적인 주체로서 스스로 인식하고 판단하며 행동할 수 있어야 합니다. 그리고 범죄 행위를 스스로 행해야 합니다. 하지만, 현재 법상으로는 로봇에서 형법상 책임을 물을 수 없습니다. 인공지능(AI)과 로봇의 발달로 법적 규제에 대한 고민이 깊어진 것이 사실입니다. 「인공지능 로봇에 관한 형사책임과 책임주의」라는 제목의 논문에 의하면 AI 알고리즘의 오작동으로 분석 능력에 손상이 생기거나, 예측하지 못한 오류·하자로 인한 결과에 대해선 설계자와 생산자·관리자·사용자가 각자 주의를 기울여야 할 의무를 위반했는지를 따져 책임을 부담한다는 내용이 포함돼 있습니다. 또한, 미국 캘리포니아대학 데이비스(UC Davis) 캠퍼스에서

2019년 발간한 법학 리뷰의 한 논문에 따르면, 범죄를 저지른 AI 로봇에 대한 법적 처벌은 다른 AI 로봇의 범죄 행위를 예방할 수 있음을 시사하기도 했습니다. 이를 위해 동물에게 동물권을 부여해 보호하듯 AI 로봇에게도 절차적 권리를 보장되어야 함을 시사했습니다.

그렇다면, 인공지능(AI)이 권리와 의무의 주체가 되기 위해서는 법인격이라고 하는 것이 부여되어야 합니다. 우리나라 민법에서는 사람에는 자연인과 법인, 두 가지로 법인격을 부여하고 있습니다. 권리를 보호하는 것은 인격을 부여한다는 말입니다. 과거에 무생물이나 동물에게 인정한 적이 있었습니다. 그러나 이러한 법인격의 부여는 실질적으로 인간이 지배하고 있고, 인간에게 피해를 주지 않는 경우여야 됩니다. 인공지능(AI)은 어떠한 인간의 통제를 벗어날 수도 있고 인간에게 어떠한 부작용을 끼칠 수도 있습니다. 인공지능(AI)의 법인격을 부여는 사회 정책에 따라서 많은 논의가 필요한 사안이며 신중한 결정이 필요합니다. 우리나라는 장기 과제로 인공지능(AI) 법인격 부여를 논의 중입니다.

또한, 인공지능을 개발하고 이용하는 단계에 따라서 악의적 사용이나 과실에 따른 오작동의 경우에 각각 법적 제재가 어떻게 필요한지도 살펴봐야 합니다. 인공지능은 개발 단계부터 이용 단계까지 그와 관련된 관련 법들이 있고요. 또 그 법에 해당하는 수많은 수범자, 즉 법의 적용을 받는 사람들과 책임자들도 있습니다.

개인정보 보호법

「데이터 산업법」이 시행된 이후, 다양한 데이터 관련 법안이 쏟아지고 있지만 가장 중요한 논의가 빠져 있습니다. 바로 데이터 활용 이면에서 우리 사회의 안전망이 되어 줄 「개인정보 보호법」입니다.

인공지능(AI)에게 막대한 양의 정보를 입력하고, 학습시키는 과정에서 개인정보가 침해되는 경우가 발생 할 수 있습니다. 하지만, 개인정보 침해의 경우, 많은 문제를 야기하는만큼, 「데이터기본법」을 비롯한 각종 데이터 법안은 데이터 경제 활성화를 위해 반드시 필요합니다. 「개인정보 보호법」은 개인의 안전과 신뢰를 보장하는 안전망이자, 기업에는 안전한 데이터 활용을 보장하는 안전장치입니다.

개인정보 보호법

[시행 2020. 8. 5.] [법률 제16930호, 2020. 2. 4., 일부개정]

제1조(목적)
이 법은 개인정보의 처리 및 보호에 관한 사항을 정함으로써 개인의 자유와 권리를 보호하고, 나아가 개인의 존엄과 가치를 구현함을 목적으로 한다. 〈개정 2014. 3. 24.〉
-중략-
제3조
(개인정보 보호 원칙) ① 개인정보처리자는 개인정보의 처리 목적을 명확하게 하여야 하고 그 목적에 필요한 범위에서 최소한의 개인정보만을 적법하고 정당하게 수집하여야 한다.

---

② 개인정보처리자는 개인정보의 처리 목적에 필요한 범위에서 적합하게 개인정보를 처리하여야 하며, 그 목적 외의 용도로 활용하여서는 아니 된다.

③ 개인정보처리자는 개인정보의 처리 목적에 필요한 범위에서 개인정보의 정확성, 완전성 및 최신성이 보장되도록 하여야 한다.

④ 개인정보처리자는 개인정보의 처리 방법 및 종류 등에 따라 정보주체의 권리가 침해받을 가능성과 그 위험 정도를 고려하여 개인정보를 안전하게 관리하여야 한다.

⑤ 개인정보처리자는 개인정보 처리방침 등 개인정보의 처리에 관한 사항을 공개하여야 하며, 열람청구권 등 정보주체의 권리를 보장하여야 한다.

⑥ 개인정보처리자는 정보주체의 사생활 침해를 최소화하는 방법으로 개인정보를 처리하여야 한다.

⑦ 개인정보처리자는 개인정보를 익명 또는 가명으로 처리하여도 개인정보 수집목적을 달성할 수 있는 경우 익명처리가 가능한 경우에는 익명에 의하여, 익명처리로 목적을 달성할 수 없는 경우에는 가명에 의하여 처리될 수 있도록 하여야 한다. 〈개정 2020. 2. 4.〉

⑧ 개인정보처리자는 이 법 및 관계 법령에서 규정하고 있는 책임과 의무를 준수하고 실천함으로써 정보주체의 신뢰를 얻기 위하여 노력하여야 한다.

「개인정보 보호법」은 빅데이터 처리하고도 관련이 됩니다. 개인정보를 수집, 처리, 분석하는 기술이 확대될수록 개인정보 오남용에 대한 우려가 커지고 있습니다. 현재의 기술력은 데이터수집과 유통 경로가 다양해졌으며, 다수의 데이터 결합으로 개인정보 주체를 식별해 낼 수도 있는 상황이 되었습니다. 또한, 특정 개인을 분석하고 추적할 수도 있습니다.

우리나라 법무부가 출입국 심사에 활용할 인공지능(AI) 식별, 추적시스템을 개발하는 과정에서 1억 7,000만 건의 안면 이미지 정보를 인공지능(AI) 개발업체에 제공했습니다. 이는 사회적 논란이 되었습니다. 인공지능(AI) 개발을 위한 학습을 위해 막대한 양의 정보들이 필요합니다. 법무부가 개발하고자 했던 내용은 안면인식 기술에 해당하는 것으로, 막대한 양의 정보를 학습시키는 과정에 쓰인 것이 1억 7,000만 건 개인의 '얼굴'이었습니다. 개인정보를 활용할 경우, 미리 해당 개인에게 명확하고 상세한 설명과 고지를 하고 동의를 구해야 합니다. 또한, 개발 이후 이를 악용하지 않도록 철저한 보안 시스템이 구축되어야 합니다. 그러나, 법무부의 경우에는 인공지능(AI) 학습을 위해 '얼굴'이라는 개인의 신체 일부이자, 정보를 제3의 업체에 제공하고 프로그램을 개발하는 작업임에도 불구하고 해당 당사자에게 명확한 설명 후 동의 받지 않았습니다.

미국 클렘슨대학교가 지난 2020년 현재 시판 중인 인공지능(AI) 스피커들과 서비스 제공회사들의 약관을 조사했습니다. 그 결과, 대다수의 인공지능(AI) 스피커 제공회사들이 사용자에게 자세한 고지나 동의를 구하지 않고 음성데이터와 개인정보들을 수집했습니다. 또한, 해당 업체들은 동의 받은 경우에도 사용자들에게 관련 내용을 개괄적으로 설명하지 않았다고 밝혔습니다. 그렇게 수집한 사용자의 개인정보를 제삼자에게도 제공하고 활용했다고 밝혔습니다.

위 두 사례만을 놓고 보더라도, 인공지능(AI) 관련 산업에서, 그리고 인공지능 알고리즘에서 개인정보는 꼭 필요한 정보입니다. 반면 반드시 보호받아야 하는 정보이기도 합니다. 개인정보는 한 정보만으로는 정보 주체가 식별되지 않아도, 결합을 통해서 정보 주체가 식별된다면 그 또한 개인정보입니다. 지금의 「개인정보 보호법」은 '개인정보 자기결정권', 즉 자신에 관한 정보를 보호받기 위해서 자율적으로 결정하고 관리할 수 있는 권리를 바탕으로 정보 주체에게 개인정보 처리에 대해서는 결정권을 줍니다. 개인정보 처리 단계에서 개입을 허용하도록 하는 방식입니다. 이 경우에 개인정보 처리로 인한 의사결정을 인공지능의 영역으로 두어야 할지, 인간이 의사결정에 개입해야 하는지 의문이 남게 됩니다. 현행 개인정보 보호법은 인공지능을 고려해서 만들어진 것이 아니기 때문입니다. 인공지능(AI)에 의해 자동화된 개인정보 처리로 어떠한 의사결정이 날 때, 설명 요구권과 이의 제기권을 도입해서 이러한 문제를 보완하겠다고 발표했습니다. 개인정보 보호 측면과 관련해서 해킹 등 사이버 정보 보안의 문제도 있습니다. 개인 소유의 자율 주행차가 해킹 당해서 운전자의 목적대로 운전하지 않거나 운전자, 탑승자, 보행자에게 위해가 되는 행위를 한다면 아주 심각한 문제가 됩니다. 따라서 자율 주행차는 원격 접근이나 침입을 예방하는 기술을 반드시 적용해야 합니다.

공정거래법

「공정거래법」은 사업자의 시장에서의 지위가 남용되거나 과도한 경쟁력이 집중되는 것을 방지하고 부당한 공동행위 및 부정거래

행위를 규제하도록 규정한 법률입니다.

독점규제 및 공정거래에 관한 법률 (약칭: 공정거래법)
[시행 2021. 12. 30.] [법률 제17799호, 2020. 12. 29., 전부개정]

제1조(목적)
이 법은 사업자의 시장지배적지위의 남용과 과도한 경제력의 집중
을 방지하고, 부당한 공동행위 및 불공정거래행위를 규제하여 공정
하고 자유로운 경쟁을 촉진함으로써 창의적인 기업활동을 조성하
고 소비자를 보호함과 아울러 국민경제의 균형 있는 발전을 도모함
을 목적으로 한다.

이 법을 통해서 공정하고 자유로운 경쟁을 촉진하고, 균형 있는
국민 경제의 발전을 도모한다고 되어 있습니다. 사물인터넷, 빅데이
터, 인공지능 등 관련 기술이 비약적으로 발전되며 실용화되고 있습
니다. 다양한 데이터를 입수하면서 집적된 빅데이터는 인공지능에
의하여 해석되고, 활용되다 보니 인공지능(AI) 알고리즘이 자본으로
이어집니다. 다시 말해, 사업자의 경쟁력을 결정짓는 중요한 수단이
인공지능(AI) 알고리즘이 되고 있습니다. 이 과정에서 불공정이 일
어날 수도 있습니다.

이용자가 구체적인 상품을 특정하지 않은 채 어떤 물건을 주문
한다고 가정할 때, 해당 주문을 받는 사이트가 특정 회사에 유리한
주문 알고리즘을 가지고 있을 수 있습니다. 그럼 이용자에게 특정
회사의 제품이 우선 추천되는 식으로 알고리즘이 운영되고, 이용자

는 우선 추천되는 물건을 주문하는 방식이 일어날 수 있습니다. 이 과정이 반복된다면, 이득을 보려는 기업은 알고리즘 추천을 이용하려 할 것입니다. 편의를 가장한 불공정이 일어날 수 있으며, 소비자는 손해를 볼 수 있습니다.

국내 통신사 중 한 곳이 이용자의 목소리로 결제 할 수 있는 플랫폼이 있었습니다. 이로 이용자의 목소리가 비밀번호 역할을 하므로 따로 분실 및 유출에 대한 걱정이 없다는 입장을 내 놓았습니다. 반면, 이런 사건도 있었습니다. 미국의 대표적인 전자상거래 기업 일어났습니다. 6살짜리 아이가 해당 기업에서 제공한 인공지능(AI) 비서를 통해서 '장난감과 쿠키를 사줘' 라고 말한 것이 실제로 주문이 되고 결제가 승인돼서 집으로 18만 원 상당의 장난감과 쿠키가 배달된 적이 있었습니다. 목소리로 성인과 아이의 구분 없이 물건 구매가 가능해진 것이 문제가 된 사례입니다. 또한, 아이들이 선호하는 브랜드와 기업의 제품들이 우선 추천이 이뤄진다면, 혹은 알고리즘의 형성이 예측 불가로 이어진다면 어떤 일이 벌어질지는 예상 할 수 없습니다. 이에 다음과 같은 문제를 제기하고 대안을 제시하고자 하는 노력도 있습니다.

「공정거래법」에서 금지하는 또 하나는 부당한 공동행위입니다. 이것은 사업자가 계약, 협정, 결의, 기타 어떠한 방법으로도 다른 사업자와 공동으로 부당하게 경쟁을 제한하는 것을 해서는 안 된다 라는 것입니다.

독점규제 및 공정거래에 관한 법률 (약칭: 공정거래법)

제4장 부당한 공동행위의 제한 제19조(부당한 공동행위의 금지)

사업자는 계약·협정·결의 기타 어떠한 방법으로도 다른 사업자와 공동으로 부당하게 경쟁을 제한하는 다음 각 호의 어느 하나에 해당하는 행위를 할 것을 합의 (이하 "부당한 공동행위"라 한다)하거나 다른 사업자로 하여금 이를 행하도록 하여서는 아니 된다.

① 가격을 결정, 유지 또는 변경하는 행위

② 상품 또는 용역의 거래 조건이나, 그 대금 또는 대가의 지급조건을 정하는 행위

③ 상품의 생산·출고·수송 또는 거래의 제한이나 용역의 거래를 제한하는 행위

④ 거래지역 또는 거래 상대방을 제한하는 행위

⑤ 생산 또는 용역의 거래를 위한 설비의 신설 또는 증설이나 장비의 도입을 방해하거나 제한하는 행위

⑥ 상품 또는 용역의 생산·거래 시에 그 상품 또는 용역의 종류·규격을 제한하는 행위

⑦ 영업의 주요 부문을 공동으로 수행·관리하거나 수행·관리하기 위한 회사 등을 설립하는 행위

⑧ 입찰 또는 경매에 있어 낙찰자, 경락자(競落者), 투찰(投札)가격, 낙찰가격 또는 경락가격, 그 밖에 대통령령으로 정하는 사항을 결정하는 행위

⑨ 제1호부터 제8호까지 외의 행위로서 다른 사업자(그 행위를 한 사업자를 포함한다)의 사업활동 또는 사업내용을 방해하거나 제한함으로써 일정한 거래분야에서 경쟁을 실질적으로 제한하는 행위

위 내용 중 어느 하나에 해당하는 행위를 할 것을 합의하거나 다른 사업자가 이를 행하도록 하는 것을 부당한 공동행위라고 말합니다. 이러한 부당한 공동행위로써 인공지능이 구매자별로 개별화된 맞춤형 가격을 제시하며 오히려 알고리즘을 통해서 가격 차별을 만들어 낼 수도 있습니다. 가격의 결정을 알고리즘이 대신하는 과정에서 알고리즘 담합의 가능성도 있습니다. 게다가 구매자가 제공받는 정보 또한 알고리즘에 의한 왜곡이 일어날 수 있습니다. 그리고 구매자의 차별뿐만 아니라, 반대로 판매자를 차별하는 도구로 사용될 수가 있습니다. 가령, 판매자의 경우 지불하는 수수료에 따라서 이용자에게 공개되는 알고리즘의 변화가 일어난다면, 차별에 해당합니다. 또, 만일 A사의 인공 비서가 물품 구입을 A사를 통해서만 하는 경우, 타 사의 물품은 구매 대상자에서 제외됩니다. 그렇다면 분명히 불공정 거래행위에 해당되겠지만, 이것에 대한 명확한 기준이 없기에 불공정 거래행위인지 구분이 어렵습니다. 따라서, 인공지능(AI)과 데이터 및 알고리즘에 관한 법 규제가 필요합니다.

도로교통법

「도로교통법」이라는 것은 도로를 이용하는 경우 꼭 알아두어야 할 법입니다. 인공지능(AI)과 밀접한 관련이 있으며, 앞으로 이뤄지게 될 완전한 자율주행 자동차 시대에도 반드시 필요한 법안입니다.

> 도로교통법 [시행 2021. 1. 1.]
> [법률 제17689호, 2020. 12. 22., 타법개정]
>
> 제1장 총칙 제1조(목적)
> 이 법은 도로에서 일어나는 교통상의 모든 위험과 장해를 방지하고
> 제거하여 안전하고 원활한 교통을 확보함을 목적으로 한다.

위 내용을 골자로 '도로교통공단 미래대비 혁신성장 및 공공기관으로써 사회적 가치 실현을 위한 2020년도 주요 사업계획'에 다음과 같은 내용이 담겨 있습니다. 2019년 성과 분석 중 교통과학연구원의 수행 내용입니다. 자율 주행 시대 대비 및 미래 신 성장 동력확보로 운전면허 및 법, 제도, ICT 융합기술 등의 연구와 자율 주행 관련 국가 R&D 과제관리를 수행했습니다. 다음으로 미래 교통 환경 변화에 대비하는 교통안전 정책 연구에서 초소형 전기차 실증 및 산업 육성 체계를 구축했습니다. 첨단 교통운영 기술 선도를 위한 교통 시스템 개발을 위해 공공 신호 데이터, 자율협력 기술 활용 서비스 연구, 스마트 신호운영 시스템의 실용화 실증 운영, 디지털 교통 신호제어기 및 자율협력 주행 지원 장비 인증 체계를 구축했습니다. 또한 안전한 도로교통환경 조성을 위해 교통안전시설 개선을 위해 통합 교통안전시설 설치 관리에 관한 규칙 및 해설 제정을 위한 연구, 시인성 및 인식률 향상을 위한 교통안전시설 개선 연구, 안전한 보행환경 조성을 위한 도심형 구간단속시스템 도입 방안 연구를 시행했습니다. 2020년도 교통사고 시 차량 시스템의 오류를 정확히 진

단할 수 있는 메카닉 측면의 기술 역량 확보 및 강화의 필요로 레벨 2 자율 주행차 대상 기술역량 확보 및 인프라 구축이 이루어 졌습니다. 자율 주행차의 안전 운행을 위한 운전면허 법제에 관련된 사안 등의 법 기반에 대한 당위성 확보 필요로 안전하고 원활한 교통 확보를 위해 사람과 차의 측면에서 자율 주행에 따른 책임 등과 관련된 사항을 중심으로 운전면허제도의 역할에 대한 구체화 연구가 시행됩니다. 도시교통정보센터와 이동통신 시설을 활용하여 신뢰성, 실시간성이 확보된 교통신호정보 제공 플랫폼을 구축함으로써 자율 주행 활성화 기반을 마련하고자 LTE 무선통신 기반 실시간 신호정보제공 데이터 전송 및 신뢰성 검증, 5G 무선통신 기반 신호정보제공 기반 기술 개발 및 검증 이동통신기반 실시간 신호 정보제공 기술 표준도 마련되어야 합니다.

※ 미래대비 혁신성장 및 공공기관으로서 사회적 가치 실현을 위한 2020년도 주요 사업계획

> **2019년 성과 분석 (교통과학연구원)**
>
> ① 자율 주행 시대 대비 및 미래 성장 동력 확보
> ② 운전면허 및 법·제도, ICT 융합 기술 등 연구
> ③ 자율 주행 관련 국가 R&D 과제관리
> ④ 미래 교통 환경 변화에 대비하는 교통안전정책 연구
> ⑤ 초소형 전기차 실증 및 산업 육성 체계 구축(국가 R&D 과제)
> ⑥ 첨단 교통운영기술 선도를 위한 교통 시스템 개발
> ⑦ 공공 신호 데이터·자율협력 기술 활용 서비스 연구
> ⑧ 스마트 신호운영 시스템의 실용화 실증 운영(중소도시)
> ⑨ 디지털 교통신호제어기 및 자율협력 주행 지원 장비 인증 체계 구축

⑩ 안전한 도로교통 환경 조성을 위한 교통안전시설 개선 연구

⑪ 통합 교통안전시설 설치 관리에 관한 규칙 및 해설(안) 제정을 위한 연구

⑫ 시인성 및 인식률 향상을 위한 교통안전시설(노면표시) 개선 연구

⑬ 안전한 보행환경 조성을 위한 도심형 구간단속시스템 도입 방안 연구

2020 세부 추진내용 (교통과학연구원)

⑭ 사고분석장비 과학화를 통한 신뢰성 제고

⑮ 자율주행차 시대 대비 운전면허제도 개선방안 연구

⑯ 자율주행차 운행을 위한 새로운 신호시스템 개발 연구

인공지능과 관련해서 도로교통법 이슈는 자율 주행차와 관련이 깊습니다. 첫 번째로 운전자 체계의 개편 두 번째로 운전면허제도의 개편 세 번째로 교통 규칙의 개편 등에 관한 이슈가 있습니다.

운전자 체계의 개편

운전의 개념이 자율 주행차로 인해서 크게 변화된다는 것입니다. 「도로교통법」상 운전이라는 것은 도로에서 차마 또는 노면전차를 그 본래의 사용 방법에 따라서 사용하는 것이다, 라고 정의하고 있습니다. 그런데 여기에서 사용 방법의 주체는 인간 운전자입니다. 따라서 이 부분에 대해서 자율 주행차도 주체로 볼 수 있는지, 앞에서 나온 법인격을 부여할 수 있는지 논의되고 있습니다.

운전면허제도의 개편

완전 자율 주행차, 이것의 운전은 운전이라기보다는 운행의 개념이라고 볼 수가 있습니다. 따라서 자율 주행차의 운전면허 또는 운행면허는 발급 대상을 어떻게 해야 하는가, 라는 이슈가 발생합니다. 또 차량의 실소유자와 운전자에 대해서도 실소유자는 운행면허 없이 차량 등록만 가능할 수도 있게 될 것입니다. 자율주행차의 경우에 조작하는 행위가 기존의 차량보다 단순해지기 때문에, 운전 조작의 변화로 인해서 운전에 대한 규율이 완화될 수도 있습니다. 그렇게 되면 자율주행차의 면허 취득에 대한 제도 개편도 필요할 것으로 예상됩니다.

교통규칙의 개편

「도로교통법」에서 운전자와 보행자에 대해서 교통상의 모든 위험과 장해를 방지하고 제거하여 안전하고 원활한 교통을 확보하는 것에 그 준수 여부를 자율 주행차에 부과할지 혹은 운전자에게 부과할지의 문제가 발생합니다. 또 교통규칙 위반에 대해서는 어떤 방법으로 제재해야 할지도 문제가 됩니다. 이러한 사항은 「교통사고처리 특례법」과도 관련 있습니다. 운전자라는 것의 정의에 따라서 처벌 규정도 달라지기 때문입니다.

그 밖에도 자동차 관리법에서는 자율주행차의 안전 기준 문제, 자동차 손해배상 보장법에서는 손해배상책임, 등이 함께 논의되고 있습니다. 사고 시, 누구에게 책임이 있는지를 판단하는 기준이 되는 법안들이 자동차와 운전자에 맞춰 제시되어 있기 때문입니다. 하지만, 자동차 스스로 판단하여 운행하게 되는 완전한 자율주행 시대가 열린다면, 사고 책임을 누구에게 물어야 할지 의문이 듭니다. 이에 대해 자동차 관리법과 자동차 손해배상 보장법을 비교해 보겠습니다. 먼저 자율 주행차의 안전기준 문제가 제기되는 자동차 관리법이란, 「제1조, 자동차의 등록, 안전기준, 자기 인증, 제작결함 시정, 점검, 정비, 검사 및 자동차관리사업 등에 관한 사항을 정하여 자동차를 효율적으로 관리하고 자동차의 성능 및 안전을 확보함으로써 공공의 복리를 증진함을 목적으로 합니다」. 따라서 자율 주행차의 안전 기준에 대한 추가적인 규제가 필요합니다. 다음으로 손해배상책임의 문제가 제기되는 자동차 손해배상보장법이란, 「제1조 자동차의 운행으로 사람이 사망 또는 부상하거나 재물이 멸실 또는 훼손된 경우에 손해배상을 보장하는 제도를 확립하여 피해자를 보호하고 자동차 사고로 인한 사회적 손실을 방지함으로써 자동차 운송의 건전한 발전을 촉진함을 목적으로 합니다.」 따라서 자율 주행하는 차량이 사고를 일으켰을 경우 자율주행차 혹은 운행자 중 누구에게 책임이 따르는지 논의가 필요합니다.

제조물 책임법

제조물 책임법은 제조물의 결함으로 발생한 손해에 대하여 제조업자 등의 손해배상책임을 규정하고 피해자를 보호하는 것을 목적으로 하고 있습니다.

제조물 책임법 [시행 2018. 4. 19.]
[법률 제14764호, 2017. 4. 18., 일부개정]

제1조(목적) 이 법은 제조물의 결함으로 발생한 손해에 대한 제조업자 등의 손해배상책임을 규정함으로써 피해자 보호를 도모하고 국민생활의 안전 향상과 국민경제의 건전한 발전에 이바지함을 목적으로 한다.

제2조(정의) 2. "결함"이란 해당 제조물에 다음 각 목의 어느 하나에 해당하는 제조상·설계상 또는 표시상의 결함이 있거나 그 밖에 통상적으로 기대할 수 있는 안전성이 결여되어 있는 것을 말한다.

제3조(제조물 책임) ① 제조업자는 제조물의 결함으로 생명·신체 또는 재산에 손해(그 제조물에 대하여만 발생한 손해는 제외한다)를 입은 자에게 그 손해를 배상하여야 한다.

제2조(정의) "제조물"이란 제조되거나 가공된 동산(다른 동산이나 부동산의 일부를 구성하는 경우를 포함한다)을 말한다.

제조물의 결함이란, 「제조물 책임법 제2조」에서 결함을 이렇게 정의합니다. 결함이란, 해당 제조물의 다음 각 목의 어느 하나에 해당하는 제조상, 설계상 또는 표시상의 결함이 있거나 그 밖에 통상적으로 기대할 수 있는 안전성이 결여되어 있는 것을 말합니다. 제조상의 결함, 설계상의 결함을 의미합니다. 제조물이 원래 설계와 다르게 제조되어서 안전하지 않거나 제조상의 결함이 있는 경우를 의미합니다. 그런데 고도의 기술이 집약된 인공지능의 경우에는 제조상의 결함인지 설계상의 결함인지를 입증하기가 너무 어렵습니다. 또 제조물 책임법은 제조물의 결함으로 생명이나 신체 또는 재산에 손해를 입은 자에게는 손해배상을 하도록 규정하고 있으며, 다만 면책사유에 해당하는 경우에만 손해배상을 면할 수 있습니다.

자율주행차가 속도위반 했을 때 법적으로 어떤 책임이 있는지 생각해 보겠습니다. 기존의 국내 외 도로교통 관련법은 모두 인간 운전자를 전제로 합니다. 법 위반으로 인한 민사, 형사, 행정 책임 모두 운전자가 지는데, 여기서 운전자는 운전대를 잡은 사람입니다. 기술 상용화에 앞서 개념 정립부터 다시 할 필요가 있다는 우려의 목소리가 나오는 대목이 바로 이 부분입니다. 미국에서는 구체적인 대안이 나왔습니다. 자율 주행차 운전석에 앉아 있는 사람을 운행자로 보고, 운전석에 아무도 없으면은 자율 주행 기술을 작동시킨 사람이 운행자라고 여깁니다. 기술 상용화에 앞서 우리나라도 완전히 새로운 법 체계가 도입되어야 하고, 운전자 개념과 형사 책임 등을 의논해야 합니다.

현재의 자동차 사고는 운전자가 운전의 권한을 대부분 가지고 있고 90%가 거의 운전자 과실에 의한 사고지만 반면에 완전 자율 주행차의 경우에는, 운전자는 자율 주행 장치의 점검이나 자율 주행 시스템의 정기 업데이트 등 이러한 부분에 대한 제한적인 주의 의무 정도만 가지기 때문에 사고가 발생할 경우 운전자의 과실이 직접적인 원인이라고 보기도 어려워집니다.

기본적으로 현행 제조물 책임법은 도로를 상시로 운행하는, 반대로는 어쩌면 상시적인 위해를 가할 수 있는 자율 주행차를 대상으로 하고 있지 않습니다. 제조물 책임법은 제조물이 그에 대한 안전성을 갖추지 못한 경우에 적용하는 것이기 때문에 그것을 입증해서 책임을 묻기는 어려워지게 됩니다.

다른 측면으로는 제조물 책임이라는 것은 제조물 자체의 결함, 즉 제조물에 관한 것에 집중이 되어 있습니다. 자율 주행차 시스템이 제조물에 해당하는 것인지 아닌지도 여부가 불분명합니다. 왜냐하면 제조물 책임법에서 제조물이란, 제조되거나 가공된 동산, 즉 형상, 성질 따위를 바꾸지 않고 옮길 수 있는 재산에 해당이 됩니다. 무체물인 소프트웨어는 제조물이라는 것에 해당이 되지 않고 있습니다. 다만 판례상 소프트웨어 프로그램 자체에 대해서는 제조물성을 인정하지 않지만, 프로그램이 탑재된 하드웨어의 경우에는 제조물로 보고 제조물 책임을 정의한 바가 있습니다.

그러나 자율 주행차에서 인공지능 소프트웨어는 제조물을 구성하는 매우 중요한 핵심이기 때문에 제작자나 개발자는 사고 시에 책임이 있을 수 있다는 것이 제조물 책임 관련 이슈가 되겠습니다. 소비자는 자율 주행차 시스템의 결함에 대해서 결함이 있는 것인지 아닌지를, 그 자체를 입증하기도 어렵습니다. 인공지능 알고리즘을 설명할 수 없다면 해당 소프트웨어가 왜 오작동 했는지 알 수도 없습니다. 따라서 현행법으로는 피해자가 제조물의 결함을 증명하기는 매우 어려운 일인 것입니다.

II

인공지능 윤리 사회

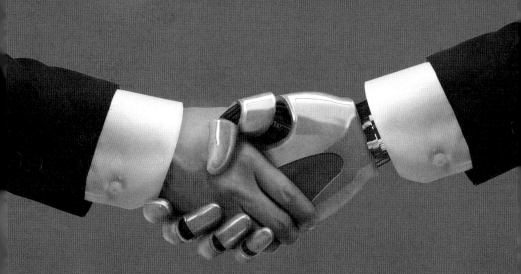

●

"모든 인간 활동은 좋음을 추구한다.

모든 기술과 탐구는 물론이고, 모든 행위와 선택이 추구하는 것은 어떤 좋음인 것 같다.

따라서 좋음(agathon; 선)이야말로 당연히 모든 것이 추구하는 목표라고 할 수 있다."

아리스토텔레스 '니코마코스 윤리학' 제 1장 中

●

다섯 번째 이야기

인공지능 시대,
'인공지능 윤리'

커지는 인공지능 윤리(AI Ethics)의 존재감

　인공지능은 인간의 편의와 행복을 목적으로 개발된 기술입니다. 앞서 살펴보았듯 2012년 딥러닝의 등장과 함께 개화기를 맞이한 인공지능은 우리의 일상에 속속 스며들며 신세계를 열고 있지만, 예상치 못한 차별·신뢰·범죄 등의 범인류적 문제를 일으키고 있기도 합니다. 인간을 위해, 인간에 의해 만들어지는 존재가 인간을 위협하지 않도록 인공지능의 부정적 요소를 줄이기 위한 맥락에서 적극적으로 논의되고 있는 주제가 바로 '인공지능 윤리'입니다.

　'인공지능 윤리'는 인공지능을 개발·운영·사용함에 있어 개발자와 사용자에게 요구되는 윤리 의식을 의미합니다. 인공지능 윤리의 범위는 인공지능이 일으킬 수 있는 위험을 파악하고 해결 방안을 모색하고 예방하는 것까지, 다시 말해 인공지능 개발부터 사용까지의 모든 범주가 포함됩니다.

　철학자 아리스토텔레스는 '윤리학'이 개인이나 어떤 집단의 행복이 주제라고 주장했습니다. '인공지능 윤리' 또한 인공지능을 통한 인간의 편의와 행복을 달성하기 위해 인공지능 시대에 논의되고 있는 윤리 개념입니다. 우리가 교육과 경험으로 중요성과 당위성을 알고 준수하는 '사회 윤리'처럼, '인공지능 윤리'는 인공지능 시대를 살아가는 모든 인간이 중요성과 당위성을 알고 고민하며 윤리 체계를 갖추어 나가야 하는 '새로운 시대의 윤리'인 것입니다.

기술의 발전을 넘어 시대적 패러다임으로 인공지능을 맞이하는 지금, 인공지능을 향한 윤리적 관점의 필요성을 논의하는 단계를 뛰어넘어 인공지능 윤리학을 정립하기 위한 움직임이 세계 곳곳에서 나타나고 있습니다. 인공지능 시대의 주인공인 우리는 인공지능 윤리가 무엇이고 왜 필요한지 알아야 합니다. 또 인공지능의 발달과 함께 우려되는 문제는 어떤 것들이 있으며 어떤 '인공지능 윤리'가 필요한지 알아야 합니다. 이러한 인식이 있어야 앞으로 우리가 살아갈 시대의 윤리를 이해하고 실천할 수 있습니다. 지금부터 '인공지능 윤리'에 대해 함께 알아보겠습니다.

⬤ '로봇 · 인공지능 윤리' 변천사

1900년대 : 로봇의 책무가 강조된 시대

생화학자 · 과학해설자 · SF소설가

아이작 아시모프(Isaac Asimov) (1920~1992)

"진정한 즐거움은 어떤 사실을 아는 것으로부터가 아니라, 그것을 발견하는 것으로부터 나온다."

아이작 아시모프(Isaac Asimov)

　　로봇의 윤리 개념을 가장 먼저 제시한 사람은 미국의 생화학자이자 천문학 · 물리학 · 화학 · 생물학 등을 넘나드는 과학해설자로 저명한 아이작 아시모프(Isaac Asimov)입니다. 아이작 아시모프는 아서 클라크(Arthur C. Clarke), 로버트 하인라인(Robert A. Heinlein)과 함께 SF 문학의 '3대 거장' 중 한 명으로 꼽힐 만큼 SF소설가로도 유명했습니다. 그는 《파운데이션(Foundation)》, 《우주기류(The Currents of Space)》, 《강철도시(The Caves of Steel)》, 《벌거숭이 태양(The Naked Sun)》, 《행복의 별 및 소행성(小行星)의 약탈자(Lucky Stars and the Pirates of the Asteroids)》 등의 소설을 통해 로봇이 발달한 미래 사회를 그려내거나, 광대한 우주에 흩어져 있는 인류의 모습을 묘사하는 '미래사(未來史) SF'를 꾸준히 발표해왔습니다.

아이작 아시모프는 단편 SF 소설 《런어라운드(Runaround)(1942)》에서 '로봇 3원칙(Three Laws of Robotics)'이라는 개념을 처음 제시합니다.

▨ 로봇 3원칙(Three Laws of Robotics)

제 1원칙

로봇은 인간에게 해를 끼쳐서는 안 되며, 위험에 처해 있는 인간을 방관해서도 안 된다. 대처하지 않아 인간에게 해를 입히지 않아야 한다. (A robot may not injure a human being or, through inaction, allow a human being to come to harm.)

제 2원칙

제 1원칙에 위배되지 않는 한, 로봇은 인간의 명령들에 복종해야만 한다.
(A robot must obey the orders given it by human beings except where such orders would conflict with the First Law.)

제 3원칙

제 1원칙과 제 2원칙을 위배되지 않는 한 로봇은 자신의 존재를 보호해야 한다.

(A robot must protect its own existence as long as such protection does not conflict with the First or Second Law.)

이 로봇 3원칙은 SF 잡지 '슈퍼 사이언스 스토리(Super Science Stories)'와 '놀라운 공상 과학 소설(Astounding Science Fiction)'에 수록된 단편을 모아 출간한 소설집《I, Robot (1950)》에서 좀 더 구체화되었으며, 이후 아이작 아시모프는 《로봇과 제국(Robots and Empire) (1985)》을 쓰면서 '로봇 3원칙'에 '0번째 원칙(Zeroth Law)'을 추가했습니다.

※ 로봇 3원칙(Three Laws of Robotics)

제 0원칙
로봇은 인류에게 해를 끼치지 않아야 하며 인류가 위험에 처할 때 대처하지 않아 인류에게 해를 입히지 않아야 한다.
(A robot may not harm humanity, or, by inaction, allow humanity to come to harm.)

제 1원칙
로봇은 인간에게 해를 끼쳐서는 안 되며, 위험에 처해 있는 인간을 방관해서도 안 된다. 대처하지 않아 인간에게 해를 입히지 않아야 한다. (A robot may not injure a human being or, through inaction, allow a human being to come to harm.)

제 2원칙
제 1원칙에 위배되지 않는 한, 로봇은 인간의 명령들에 복종해야만 한다.
(A robot must obey the orders given it by human beings except where such orders would conflict with the First Law.)

로봇의 3원칙의 제 1원칙과 다를 바 없어 보이는 제 0원칙의 핵심적 차이는 '인류'입니다. 제 0원칙은 제 1원칙의 상위 판단 기준으로, '하나의 인간'보다 '인류'의 이익을 우선하는 방향으로 로봇의 행동이 결정되는 것이 바람직하다는 전제에서 기인한 것입니다. 아시모프 아이작이 제시한 '로봇 3원칙'을 살펴보면 '인간이 완전하지 못하다.'는 전제가 깔려 있다는 것을 알 수 있습니다. 제 0원칙을 추가한 것도 인간들의 집합체인 인류는 불완전하더라도 존속할 가치가 있다고 판단했기 때문입니다. 이는 로봇이 인간을 해하는 방향으로 활용될 가능성을 경계하며 로봇은 반드시 '인류에 대한 헌신'이라는 본래의 목적을 위해서 행동해야 한다는 것을 강조한다고 볼 수 있습니다.

한 작가의 상상력에서 탄생하고 소설 속 세계관으로 활용되었던 '로봇 3원칙'은 이후 이어진 '로봇 윤리' 연구에 크게 영향을 끼치게 됩니다.

2000년대 : '로봇과 인간의 공존, 인간에 대한 책임'에 대한 논의가 시작된 시대

2000년대에 들어서면서 로봇의 활용 분야가 다양해지고, 사람과 로봇의 상호 작용이 늘면서 '로봇과 인간의 공존, 인간에 대한 책임'에 대한 논의가 시작되기 시작합니다.

이와 동시에 '로봇 윤리(roboethics)'에 대한 연구가 진행되게 되는데, '로봇 윤리'라는 단어를 처음 활용한 사람은 2002년 이탈리아의 로봇공학자 지안 마르코 베루지오(Gian Marco Veruggio)였습니다. 그는 로봇 윤리를 "로봇공학이 인간의 삶에 적용될 때 나타날 수 있는 윤리적 문제를 다루는 것이며, 로봇 기술의 긍정적 확산을 위해 우리가 지금 무엇을 해야 하는지 논의하는 것"이라고 정의하였습니다.

'로봇 윤리'의 공식적인 명칭은 2004년 이탈리아에서 열린 제 1회 국제로봇 윤리 심포지엄에서 사용되었으며, 같은 해 일본 후쿠오카에서 열린 '세계로봇박람회'에서는 본격적인 로봇과 인간의 공존을 고민했다는 평가를 받고 있는 '세계로봇 선언'이 공표되기도 했습니다.

▨ 세계 로봇 선언

- 차세대 로봇은 인간과 공존하는 파트너가 될 것이다.
  (Next-generation robots will be partners that coexist with human beings)
- 차세대 로봇은 인간을 육체적으로 그리고 정신적으로 보조할 것이다.
  (Next-generation robots will assist human beings both physically and psychologically)
- 차세대 로봇은 안전하고 평화로운 사회 구현에 기여할 것이다.
  (Next-generation robots will contribute to the realisation of a safe and peaceful society)

'세계로봇선언'의 핵심은 로봇과 인간의 공존입니다. 하지만 로봇이 인간을 해칠 가능성은 막아야 한다는 '안전 관리'에 대한 의지 또한 분명히 강조되어 있습니다. 로봇의 발전과 함께 위협성에 대한 공포가 심화하는 경향이 나타나면서 로봇이 초래할 '역기능' 관리에 대한 문제 제기가 활성화 되었기 때문입니다.

이에 대한 영향으로, 2000년대 중반 이후 로봇을 고안한 설계자가 '책임 소재지(Locus)'로 다뤄지면서 로봇 윤리 수행 주체에 대한 논의가 로봇 중심에서 인간 중심으로 변화하는 양상이 나타났습니다.

유럽 로봇 연구네트워크(EURON, 이하 EURON)은 유럽 연합(EU, 당시 EC)의 산하 기구로 로봇에 내재한 기회를 명확하게 하고, 로봇 기술 발전을 통해 활용하는 것을 목적으로 2000년에 발족 되었습니다. EURON은 2003년부터 3년간 로봇의 윤리 문제를 다루기 위한 로드맵(Road Map)을 설계하였습니다. 이를 바탕으로 2007년 '로봇 윤리에 선행되는 원칙'을 도출했는데, '로봇이 어떠해야 한다'가 아니라 로봇을 만드는 사람이 준수해야 할 가이드라인을 마련하였습니다.

※ The EURON 로봇윤리로드맵(Roboethics Roadmap) (2007) [로봇 윤리에 선행되는 원칙]

- 인간의 존엄과 인간의 권리
- 평등, 정의, 형평
- 편익과 손해
- 종교적 다양성과 다원성에 대한 존중
- 차별과 낙인화의 금지
- 자주성과 개인적 책무성
- 고지에 입각한 동의
- 프라이버시
- 기밀성
- 연대와 협동
- 사회적 책무
- 이익의 공유
- 지구 상의 생물에 대한 책무

이후, 로봇 개발자 그리고 운영자가 윤리적 책임에 집중해야 하는 이유에 대한 여러 논의가 진행되면서 로봇 윤리는 로봇 연구개발자이자 사용자로서의 인간의 책임을 더욱 강조하는 흐름을 띠게 됩니다.

같은 해, 우리나라 산업자원부(현 산업통상자원부)는 과학자, 윤리

학자, 종교학자, 의사, 심리학자, 변호사, 미래학자 등 각계 인사 12
명을 주축으로 '로봇 윤리 헌장 제정위원회'를 결성하고 '로봇 윤리
헌장' 제정을 위한 논의를 주도하였습니다. 로봇의 윤리, 제조자의
윤리에 이어 사용자의 윤리까지 로봇 윤리 범주에 포함했는데 이는
세계 최초의 일이었습니다.

▨ 산업통상자원부 로봇 윤리헌장(초안)(2007)

1장(목표)

로봇 윤리헌장의 목표는 인간과 로봇의 공존공영을 위해 인간 중심의 윤리규범을 확인
하는 데 있다.

2장(인간, 로봇의 공동 원칙)

인간과 로봇은 상호 간 생명의 존엄성과 정보, 공학적 윤리를 지켜야 한다.

3장(인간 윤리)

인간은 로봇을 제조하고 사용할 때 항상 선한 방법으로 판단하고 결정해야 한다.

4장(로봇 윤리)

로봇은 인간의 명령에 순응하는 친구, 도우미, 동반자로서 인간을 다치게 해서는 안 된다.

5장(제조자 윤리)

로봇 제조자는 인간의 존엄성을 지키는 로봇을 제조하고 로봇 재활용, 정보보호 의무를
진다.

6장(사용자 윤리)

로봇 사용자는 로봇을 인간의 친구로 존중해야 하며 불법 개조나 로봇 남용을 금한다.

7장(실행의 약속)

정부와 지자체는 헌장의 정신을 구현하기 위해 유효한 조치를 시행해야 한다.

정부 차원에서 '인간과 로봇의 관계'를 규정한 세계 최초의 사례라는 평가까지 받았던 '산업통상자원부 로봇 윤리 헌장(초안)'은 공개 후 '로봇과 인간의 관점에 따라 산업적 이해관계가 매우 복잡하고 예민하다'고 지적 받게 됩니다. 이에 정부는 검토와 논의를 거쳐 완성된 헌장을 내놓겠다는 입장을 밝히고 제정을 보류하게 되었는데, 이후 관련 소식은 전해지지 않게 되면서 '산업자원부 로봇 윤리헌장'은 초안의 형태로만 전해지고 있습니다.

한편 2009년에는 미국 텍사스 A&M 대학교의 교수 로빈 머피(Robin R. Murphy)와 오하이오 주립 대학교 데이비드 우즈(David D. Woods)가 아이작 아시모프의 로봇 3원칙 대신 "책임 있는 로봇의 3원칙"이 담긴 논문을 발표하였습니다.

로빈 머피(Robin Murphy)   데이비드 우즈(David D. Woods)

아이작 아시모프의 '로봇 3원칙'은 인간처럼 생각하고 판단하고 심지어 느낄 수 있는 로봇이 존재한다는 배경을 바탕으로 세워진

원칙이었습니다. 다시 말해 로봇을 지능적으로 추론하고 자율적으로 의사 결정할 수 있는 주체라고 가정한 뒤 세운 로봇이 지켜야 하는 규칙입니다.

여기서 주의해야 하는 점은 '자율 로봇'도 인간의 직접적 제어가 줄어든다는 의미이며, 인간 제어 없이 행동할 수 있는 로봇을 의미하지 않는는 것입니다. 이런 맥락에서 볼 때, '로봇의 윤리라는 의미'의 '로봇 윤리'는 현실 세계에서 유효하지 않는다는 결론에 도달하게 됩니다. 하지만 로봇이 인간과 더욱 가까워지고 인간에 의한 쓰임이 증대됨으로써 윤리적·사회적·법률적 문제들이 발생할 것으로 예측되기 때문에 로봇과 인간 사이의 상호작용에 관련된 규범적 논의들이 필요하다는 생각으로 "책임 있는 로봇의 3원칙"이라는 대안을 제시한 것입니다.

	아이작 아시모프의 로봇 3원칙	로빈 머피 & 데이비드 우즈의 로봇 3원칙
제 1원칙	로봇은 인간에게 해를 끼쳐서는 안 되며, 위험에 처해 있는 인간을 방관해서도 안 된다(대처하지 않아 인간에게 해를 입히지 않아야 한다).	안전과 도덕성에 관해 가장 높은 수준의 법률적이고 전문화된 표준을 충족시키는 인간-로봇 작업 시스템 없이 로봇을 내놓아서는 안 된다.
제 2원칙	제 1원칙에 위배되지 않는 한, 로봇은 인간의 명령들에 복종해야만 한다.	로봇은 그들의 역할에 맞게 인간에게 반응해야 한다.
제 3원칙	제 1원칙과 제 2원칙을 위배되지 않는 한 로봇은 자신의 존재를 보호해야 한다.	로봇은 자신을 보호하기 위해 상황에 맞는 자율성을 충분히 갖추어야 한다. 이 원칙은 첫 번째와 두 번째 원칙을 위반하지 않으면서 로봇의 통제권을 원활히 로봇에 이전하는 한 유효하다.

제 1원칙을 살펴보면 '로봇은 인간에게 해를 끼쳐서는 안 되며, 위험에 처해 있는 인간을 방관해서도 안 된다(대처하지 않아 인간에게 해를 입히지 않아야 한다).' 대신 '안전과 도덕성에 관해 가장 높은 수준의 법률적이고 전문화된 표준을 충족시키는 인간-로봇 작업 시스템 없이 로봇을 내놓아서는 안 된다.'는 대안적 원칙을 제시했습니다. 아이작 아시모프의 원칙이 로봇에 대해 규정한 것이었다면, 로빈 머피와 데이비드 우즈의 원칙은 인간에 대해 규정한 것입니다.

2010년대 : 인간의 프라이버시와 투명성이 강조된 시대

2010년 영국의 기술·산업·예술·법 전문가들이 로봇 및 로봇 연구의 윤리적, 법률적, 사회적 함의(ELSI)에 대해 논의하기 위해 한 자리에 모였습니다. 공학·물리과학연구위원회(EPSRC)와 인문예술 연구회위원회(AHRC)가 함께 한 이 회의에서는 현재 활동하고 있는 로봇과 5년~10년 사이 등장할 가능성이 있는 로봇을 대상으로 사회적 함의에 대한 논의를 진행하였고 실제 세계에서 '로봇을 설계·제조·사용하는 사람이 지켜야 할 5가지 윤리원칙'을 공동으로 발표하였습니다.

✖ 로봇공학자을 위한 5가지 윤리 원칙(2010)

첫째, 국가 안보의 경우 이외에 인간 살상이 유일하거나 주된 목적으로 설계되어서는 안 된다.

둘째, 인간이 책임의 주체이다. 로봇은 기존의 법률과 기본적 인권과 자유를 준수하도록 설계·운영되어야 한다.

셋째, 로봇은 안전과 보안이 확실한 공정을 이용해 설계되어야 한다.

넷째, 로봇은 인공물이다. 감정적인 반응이나 의존을 유발함으로써 사용를 착취하는 기만적 방식으로 설계되어서는 안 된다.

다섯째, 모든 로봇은 관리와 사용에 대해 법률적 책임이 누구에게 있는지 명확해야 명시되어야 한다.

이 원칙이 다른 원칙과 차별화된 점은 인간의 기본적 인권과 자유를 준수를 언급했다는 점입니다. 로봇에 의해, 사람의 정보가 일거수일투족 쌓일 수 있다는 점을 경계한 것입니다. 데이터 활용 구성과 범위는 인공지능 품질을 결정하는 핵심적 요소입니다. 그렇기 때문에 빅데이터·프라이버시의 활용을 고려해 로봇 혹은 인공지능 설계·제조·사용에서 주의해야 하는 요인을 언급한 것은 당시 이례적이었으며, 이후 로봇 및 인공지능 윤리에서 프라이버시와 투명성은 주요 과제로 언급되며 지속해서 논의되는 양상을 보였습니다.

마이크로소프트사의 CEO 사티아 나델라(Satya Narayana Nadella)는 2016년 6월 미국의 온라인 매체 슬레이트(Slate)에 칼럼 형식으로 본인이 생각하는 인공지능 규칙을 제시했습니다. 여기서도 프라이버시 문제는 주요 사안으로 등장하였으며 '편견의 방지'가 AI의 책무로 제시되기도 하였습니다.

※ 사티아 나델라의 인공지능 규칙(2016)

1. 인공지능은 인간을 돕기 위해 개발되어야 한다.

2. 인공지능은 투명해야 한다.

3. 인공지능은 인간의 존엄성을 파괴하지 않으면서 효율을 극대화한다.

4. 인공지능은 개인정보 보호를 위해 설계되어야 한다.

5. 인공지능은 의도하지 않은 피해를 인간이 복구할 수 있도록(인간에 대한) 알고리즘 차원의 설명 책임을 지닌다.

6. 인공지능은 차별 또는 편견을 방지해야 한다.

2017년 일본 정부는 '국제적 논의를 위한 AI 개발 지침안'을 발표하였습니다. 지침안은 기본 이념과 이를 실현하는 개발원칙으로 구성되었습니다.

※ 국제적 논의를 위한 AI 개발 지침안(2017) - 기본 이념

① 인간 중심의 사회 실현
② 이해당사자 사이의 지침 및 모범사례 국제적 공유
③ 편익과 리스크의 적정한 균형 확보
④ 기술적 중립성의 확보, 개발자에 대한 과도한 부담방지
⑤ 지침의 부단한 재검토

> ① 연결의 원칙
> ② 투명성의 원칙
> ③ 통제가능성의 원칙
> ④ 안전의 원칙
> ⑤ 보안(security)의 원칙
> ⑥ 프라이버시의 원칙
> ⑦ 윤리의 원칙
> ⑧ 이용자지원의 원칙
> ⑨ 가능성(accountability)의 원칙

일본 정부는 "사생활 보호 또는 보안 규정을 다루는 경제협력개발기구(OECD)의 가이드라인을 고려하면서, 네트워크화될 인공지능에 대비하자"고 역설하였습니다. 네트워크의 개념을 강조하면서도 개발원칙에 투명성·보안·프라이버시를 부각해 '투명성'을 강조한 것입니다.

기술과 인간의 공존을 고민해 온 약 100년의 시간

아이작 아시모프의 '로봇 제 3원칙'이 등장한 1942년 부터 현재에 이르기까지, 인간은 로봇 발달과 함께 로봇·인공지능의 윤리적 논제를 꾸준히 제기하고 연구하며 발전시켜왔습니다. 그 이유는 단순합니다. 인간과 기술의 조화로운 공존, 더 정확히는 우리가 지금

까지 지켜온 가치와 사회적 기준을 지키면서, 그에 맞는 인공지능을
개발하고 사용하기 위함입니다.

현재도 세계 곳곳에서는 윤리적 프레임워크 구축을 목표로 토
론과 연구를 거듭하며 '윤리 강령'을 제시하고 실천하고 있습니다.
인공지능의 시대, 우리는 어떤 관점으로 인공지능 윤리를 바라보고
논의해야 할까요?

국내외 학계·비영리 기관의
활발한 연구

국내외 정부 기관 뿐만 아니라 학계와 비영리 기관들도 인공지능 윤리에 대해 활발한 연구를 진행하고 있습니다. 기업이 인공지능 설계와 개발에 있어서 책임·공정성·설명 가능성 등을 고려하고 있다면 학계나 연구계는 '인공지능이 인간의 복지를 위한 것인지?', '인간의 삶의 질 향상을 이루는지?' 등에 관한 논의가 주를 이루는 것이 특징입니다.

세계의 유명 대학들은 '안전하고 인간에게 유익한 인공지능'이라는 주제로 AI 핵심 기술, 세계적인 난제와 사회 현안 해결 방안, 안전한 AI, 사회적, 경제적 영향력 등을 연구하고 있습니다. 2019년 한국정보화진흥원(현 한국지능정보사회진흥원)에서 발간한 이슈 보고서 '글로벌 인공지능 연구의 4대 키워드와 시사점'에 따르면 세계적인 대학 및 연구 기관들의 인공지능 연구 4대 키워드는 ① 인간 ② 유용 ③ 안전 ④ 이해로 분석되었다고 합니다. 이 키워드는 2022년인 지금도 중요한 연구 키워드로 인식되고 있습니다.

카네기 멜론 대학교

- 실용적인 문제 해결을 위한 인공지능 연구에 집중
- 인공지능 핵심 기술을 'AI Stack'으로 세분화하여 연구

MIT 미디어랩

- 인공지능 기술 및 시스템의 적용이 가져올 사회적 영향, 거버넌스, 윤리적 함의 등을 단·장기 관점에서 연구

스탠퍼드

- 1962년, 인공지능 연구소를 설립
- 인간과 협업적이며 생산성과 삶의 질을 향상시킬 수 있는 인간중심의 인공지능 기술 및 응용 분야 연구

스탠퍼드, AI100

- 2015~2115년까지 100년 동안 인간 중심의 인공지능, 인공지능이 인간에게 미칠 영향, 인공지능 기술의 사회적, 경제적 영향 등 인공지능의 발전과 인공지능이 인간과 사회에 미치는 영향을 연구

옥스퍼드

- 생명의 미래 연구소(FLI)의 글로벌 연구 프로젝트 중 하나로 '인공지능 연구 윤리 강령'을 연구

생명의 미래 연구소(Future of Life Instotute, FLI)

- 테슬라, 일론 머스크(Elon Musk)에게 약 1천만 달러의 후원을 받아 'AI Safety Research Program' 운영

2017년 1월 초, AI 연구를 지원하는 비영리단체인 생명의 미래 연구소(Future of Life Instotute, FLI)가 미국 캘리포니아주 아실로마에서 개최한 '유익한 AI, 2017(Benefical AI 2017)'에서는 '아실로마 AI 원칙'을 채택하였습니다. '아실로마 AI 원칙'은 미래 인공지능 연구의 23가지 원칙을 뜻하며 인공지능을 인류에게 이로운 방향으로 발전시키는 것을 목적으로 제정되었습니다. 이 원칙에는 우주물리학자 스티븐 호킹(Stephen William Hawking), 테슬라 CEO 일론 머스크(Elon Musk), 알파고의 개발책임자인 데미스 하사비스(Demis Hassabis) 딥마인드 CEO, 레이 커즈와일(Ray Kurzweil) 구글 기술이사 등 1,200명 이상의 인공지능·로보틱스 연구원과 2,500명 이상의 기술과학 분야 전문가들이 서명하였습니다. 현재 '아실로마 AI 원칙'은 인공지능과 관련된 모든 윤리학적 프레임워크의 기준점으로 인정받고 있는데, 인간의 두뇌를 뛰어넘은 지능을 가진 초지능 존재에 대한 발전 방향이 제시된 점이 특징입니다.

아실로마 AI 원칙(ASILOMAR AI PRINCIPLES)

연구 이슈 (Research Issues)	① 연구목표(Research Goal) 인공지능 연구의 목표는 방향성이 없는 지능을 개발하는 것이 아니라 인간에게 유용하고 이로운 혜택을 주는 지능을 개발해야 한다. ② 연구비지원(Research Funding) 인공지능에 대한 투자에는 컴퓨터 과학, 경제, 법, 윤리 및 사회 연구 등의 어려운 질문을 포함해 유익한 이용을 보장하기 위한 연구비 지원이 수반되어야 한다. ③ 과학정책 연계(Science—Policy Link) 인공지능 연구자와 정책 입안자 간에 건설적이고 건전한 교류가 있어야 한다.

	④ 연구 문화(Research Culture) 인공지능의 연구자와 개발자간에 협력, 신뢰, 투명성의 문화가 조성되어야 한다. ⑤ 경쟁 지양(Race Avoidance) 인공지능 시스템을 개발하는 팀은 안전기준에 대한 부실한 개 발을 피하기 위해 적극적으로 협력해야 한다.
윤리 및 가치 (Ethics and Values)	⑥ 안전(Safety) 인공지능 시스템은 작동 수명 전반에 걸쳐 안전하고 또 안정적 이어야 하며, 적용 가능하고 실현 가능할 경우 그 안전을 검증 할 수 있어야 한다. ⑦ 장애 투명성(Failure Transparency) 인공지능 시스템이 손상을 일으킬 경우 그 이유를 확인할 수 있 어야 한다. ⑧ 사법적 투명성(Judicial Transparency) 사법제도 결정에 있어 자율시스템이 개입되면, 권위 있는 인권 기구가 감사할 경우 만족스러운 설명을 제공해야 한다. ⑨ 책임성(Responsibility) 고급 인공지능 시스템의 설계자와 구축자는 사용, 오용 및 행동 의 도덕적 영향을 미치는 이해 관계자이며, 그에 따른 의미를 형 성할 책임과 기회가 있다. ⑩ 가치 정렬(Value Alignment) 고도로 자율적인 인공지능 시스템은 운영되는 동안 그의 목표 와 행동이 인간의 가치와 일치하도록 설계되어야 한다. ⑪ 인간적 가치(Human Values) 인공지능 시스템은 인간의 존엄성, 권리, 자유 및 문화적 다양성 의 이상에 적합하도록 설계되어 운영되어야 한다. ⑫ 개인의 프라이버시(Personal Privacy) 인공지능 시스템의 데이터 분석 및 활용 능력을 감안할 때, 사 람들은 자신들이 생산한 데이터를 액세스하고 관리하고 통제할 수 있는 권리를 가져야 한다. ⑬ 자유와 개인정보(Liberty and Privacy) 개인 데이터에 인공지능을 적용하게 되더라도, 사람들의 실제 또는 스스로 인지하는 자유를 부당하게 침해해서는 안 된다. ⑭ 이익 공유(Shared Benefit) 인공지능 기술은 최대한 많은 사람에게 혜택을 주고 힘을 실어 주어야 한다. 즉, 이익을 공유하고 최대한 많은 사람들의 역량 을 강화시켜주어야 한다.

	⑮ 공동 번영(Shared Prosperity) 인공지능에 의해 이루어진 경제적 번영은 인류의 모든 혜택을 위해 널리 공유되어야 한다. ⑯ 인간의 통제(Human Control) 인간이 선택한 목표를 달성하기 위해 인간은 인공지능 시스템 에 의사결정을 위임하는 방법 및 여부를 선택해야 한다. ⑰ 비파괴(Non−subversion) 고도화된 인공지능 시스템의 통제로 주어진 능력은 건강한 사 회가 지향하며, 이를 지키려는 사회나 시민적인 과정을 뒤엎는 것이 아니라 존중하고 개선해야 한다. 즉, 건강한 사회가 지향 하는 것을 전복시켜서는 안 된다. ⑱ 인공지능 무기 경쟁(AI Arms Race) 치명적인 인공지능 무기의 군비 경쟁은 피해야 한다.
장기 이슈 (Longer−term Issues)	⑲ 능력 주의(Capability Caution) 합의가 없으므로, 인공지능 능력의 상한선에 대한 강한 가정은 하지 않는다. ⑳ 중요성(Importance) 고급 AI는 지구 생명의 역사에 심각한 변화를 가져올 수 있으며, 그에 상응한 관심과 자원을 계획하고 관리해야 한다. ㉑ 위험(Risks) 인공지능 시스템이 초래하는 위험, 특히 치명적인 또는 실제로 존재하는 위험은 예상되는 영향에 맞는 계획 및 완화 노력을 해 야 한다. ㉒ 재귀적 자기 개선(Recursive Self−Improvement) 인공지능이 고도의 품질로 재귀적 자기복제나 자기개선을 통해 수적·질적 증가가 초래될 것을 대비해 엄격한 안전 및 통제 조 치를 받아야 한다. ㉓ 공동의 선(Common Good) 초지능은 널리 공유되는 윤리적 이상을 위해서 발전되어야 하며, 하나의 국가나 조직이 아닌 모든 인류의 이익을 위해 개발되어야 한다.

교육계 '인공지능 관련 교육' 이슈

해외 대학에서는 인공지능을 전공하고 있는 학생들에게 인공지능 개발 능력뿐만 아니라 윤리적인 역량도 강화하려는 노력을 기울이고 있습니다.

하버드 대학교나 MIT에서는 인공지능 윤리 과목이 추가 되고 있습니다. 미국의 전기전자학회 IEEE는 2018년에 '인공지능과 윤리적인 디자인'이라는 과정을 개발했습니다. 이 과정에서 훈련받는 주요 내용은 윤리 이론을 도입해서 인공지능 시스템의 설계와 비즈니스를 실질적으로 적용하는 것으로, AI 시대의 책임 있는 혁신, 비즈니스를 위한 윤리적 디자인의 경제적인 이점, 알고리즘 시대의 디자인 별 가치, 그리고 데이터 보호와 데이터 안전 보장 등을 가르치고 있습니다.

영국은 기존 ICT 교과를 개정한 컴퓨팅 교과를 초등학교부터 중등학교까지 의무 교과로 편입하고, 실습 활동을 통해 코딩 및 프로그래밍과 같은 실제적 디지털 활용 능력을 함양할 수 있도록 하였습니다. 개정된 컴퓨팅 과목의 내용을 효과적으로 교육할 수 있도록 담당 교사들의 전문성 향상을 위한 연수 과정도 개설하였으며, 이 모든 과정을 왕립공학 아카데미가 주도하고 마이크로소프트, 구글 등의 기업과도 협업하고 있습니다. 또한, 이러한 컴퓨터 프로그래밍 교육을 통해 인공지능이나 머신러닝(machine leaning)의 기본 내용을 이해할 수 있도록 하고 있습니다.

독일은 공교육에서 미디어 교육과 정보 과학 교육을 확대하고 있는 가운데 인공지능 관련 교육도 일부 시행 하고 있습니다. 일례로 베를린 브란데부르크주의 정보과학 교육과정 가운데 인공지능과 관련하여 제시하고 있는 수업 주제를 살펴보면 튜링 테스트(Turing Test)를 토대로 하는 컴퓨터와 인간의 교류 등 고전적 인공지능 문제에 중점을 두고 있습니다. 인공지능 관련 교육은 여러 과목과 융합하여 시행할 수 있기 때문에 학제적 수업과 세미나 형태로 시행될 수 있다고 합니다.

우리나라는 2020년 11월, 교육부에서 '인공지능 시대 교육정책 방향과 핵심과제'라는 것을 발표했습니다. 이를 통해 미래의 길을 비추는 인재와 신산업 성장의 가속화에 기여할 인재는 물론, 절대다수의 평범한 모두를 위한 교육정책이라는 목적 하에 3가지 정책 추진 방향을 제시하였습니다.

「인공지능 시대 교육정책방향과 핵심과제」中 교육정책의 3대 방향

	인공지능의 영향	시사점	정책방향 도출
인재상	• 인간–인공지능의 협업 시대 • 인공지능은 효율성, 인간은 창의성과 감성 등에 집중	• 인간 고유의 창의성, 인간 감성 이해, 윤리적 사고 등 중요	• 감성적 창조 인재 • 인간중심 사고에 바탕, 새 구조를 만드는 창의력

	인공지능의 영향	시사점	정책방향 도출
학습 환경	• 인공지능은 학습자에게 최적화된 학습방법과 자료 제공	• 학습자의 특성·수준·상황 맞춤형 • 개별화 교육 기대	• 초개인화* 학습환경 • 한 사람 한 사람에 집중하는 맞춤형 교육
정책 과정	• 인공지능, 빅데이터 등 기반 • 행정 혁신 시대 도래	• 교육 분야 빅데이터 관리·유통체계 필요, 데이터 활용 포용정책 기대	• 따뜻한 지능화 정책 • 데이터에 기반한 정책, 혁신기술의 포용적 사용

*초개인화(hyper-personalization) : 데이터를 활용해 보다 고도화되는 개인 맞춤형 방식

출처 : 2020년 11월 교육부

교육부는 교육 정책과 함께 우리나라의 인공지능 교육을 2025년부터 초·중·고등의 새 교육 과정에 정식 도입할 계획이라고 밝혔습니다. 일부 학교에서 시범 중인 인공지능 교육을 단계적으로 확대해 전교 교과목으로 공식화 하는 것으로 유치원에서는 놀이를 통한 인공지능 교육에 중점을 두며 초·중·고등에는 2022년 개정 교육과정에 인공지능 교육이 포함됩니다. 큰 범주로 프로그래밍, 인공지능 기초원리, 인공지능 활용, 인공지능 윤리가 속하며 내용 간 연계될 수 있도록 운영할 계획입니다.

각 범주별 교육 내용을 살펴보면, 지적 창조 활동으로써의 프로그래밍은 문제를 인식하여 해결하는 과정을 설계하고 이를 컴퓨터를 통해 시현해 보는 창의력 교육입니다.

미래 기초 의사소통으로써의 인공지능 원리와 활용은 지능을 가진 컴퓨터와 상호 교류한다는 측면에서의 소통 협업 교육이라 볼

수 있습니다. 내국인과의 소통을 위해 국어교육을 하고, 외국인과의 소통을 위해 영어교육을 하는 것처럼 인공지능과의 소통을 위해 인공지능 교육을 시행하는 것입니다.

인공지능 윤리는 교육은 비판적 사고력 함양을 위한 것으로, 알고리즘에 반영된 개발자의 편견 인식, 사인공지능의 긍정적·부정적 영향에 대한 토론 교육으로 실시 될 계획입니다.

한편, 대학교육과정에서는 2021년 '디지털 신기술 혁신공유대학 지원 사업'이 신설되었습니다. 서울대, 고려대, 건국대, 국민대, 단국대, 한양대 ERICA, 전남대 등 8개 대학이 주관 대학으로, 그 외 46개 대학이 대학연합체로 참여하게 되는 이 사업은 4~7개교가 모여 하나의 기술을 중심으로 가상대학을 구성해 기존 전공과 관계없이 희망하는 학생이라면 자유롭게 신기술을 교육받을 수 있게 하는 새로운 유형의 지원 사업입니다. 대학생들이 자유롭게 공부할 수 있는 해당 신기술로 인공지능, 빅데이터, 지능형 로봇 등이 포함되어 있으며 신기술 인재 10만 명 양성을 목표로 2026년까지 운영 될 예정입니다.

이처럼 세계 각국에서는 국가 및 기관 주도로 인공지능을 교수 학습에 접목하고, 인공지능 시대에 대비해 교육 방침을 개편하고 있습니다. 이러한 노력이 장기적인 관점에서 국가에 어떤 영향을 미칠 것인지 생각해 봅시다.

인공지능이 던진 숙제, 인공지능의 위험성으로부터 인간을 지켜라

윤리성은 담보하지 않는 '인공지능'

인공지능 관련 사건으로 2015년, 네덜란드에서 일어났던 챗봇 계정 살인 예고 사건, 2016년 마이크로소프트사의 챗봇 '테이(Tay)'의 인종 차별적인 언사나 성폭력·마약 관련 발언으로 인한 운영 영구 중단 사건, 2018년 자율 자동차 운행 중 중앙분리대를 들이 받아 운전자가 사망했던 테슬라 사건, 2021년 차별·혐오 발언과 부적절한 데이터 수집 등으로 서비스가 중단됐던 챗봇 '이루다' 사건이 있습니다.

국내외 여러 사건을 통해 인공지능 기술이 발달하더라도 윤리성은 담보되지 않는다는 사실이 부각되면서 인공지능에 대한 우려는 가중되고 있습니다. 전문가들은 인공지능의 위험스러운 특성으로 '잠재적 해악'을 지적하고 있습니다.

인공지능의 위험 요인, '잠재적 해악'

① 편견과 차별

인공지능은 인공지능이 분석하는 사회의 구조와 역학관계로부터 통찰력을 얻기 때문에 현실 데이터에 기반한 인공지능 기술은 사회에 존재하는 사회에서의 소외, 불평등, 차별의 패턴을 재생산, 보강, 증폭시킬 수 있습니다. IT분야에서 통용되는 말 중에 GIGO(Gabage In Garbage Out)라는 말이 있습니다. '불필요한 정보를 입력(input)하면, 불필요한 정보밖에 출력(output)되지 않는다.'라는 의미인데, 이를 인공지능에 대입하면 결함이 있는 데이터라도 그대로 처리해 결함이 있는 결과물을 만든다는 뜻이 됩니다. 인공지능이 학습하는 데이터나 알고리즘은 편견이나 차별을 완벽하게 판단할 수 없고 학습할수록 강화될 수는 있지만 이에 대응하도록 설계하기 어려운 것도 현실입니다. 그렇기 때문에 인공지능 기술을 통해 프로그램을 만들 때 이 점을 중요하게 여겨야 합니다.

② 개인의 자율성, 의지 및 권리의 거부

'개인의 자율성, 의지 및 권리 거부'는 시민이 인공지능 시스템에 의해 생성되는 결정, 예측 또는 분류에 영향을 받는 경우, 영향을 받는 개인이 이러한 결과에 대해 책임을 물을 수 있는 당사자를 특정하지 못하는 상황에 관한 것입니다.

③ 불투명하고 설명할 수 없거나 정당하지 않은 결과

상당수 머신러닝 모델은 여러 가지의 고차원 상관관계에서 작동함으로써 그 결과를 만들어 내고 있습니다. 이 경우 의사결정 주체에 직접 영향을 미치는 알고리즘으로 생성된 결과에 대한 생성 원인이 불투명한 상태로 남아 있게 되거나, 설명할 수 없거나, 정당하지 않은 결과로 나타날 수 있습니다.

④ 사생활 침해

사생활 침해에 대한 위협은 인공지능 시스템의 설계, 개발 프로세스, 실제 배치 등 모든 단계에서 제기될 수 있습니다. 인공지능 프로젝트가 데이터 구조와 처리에 고정되면서 인공지능 기술 개발에는 개인 데이터 활용이 수반되는 경우가 잦아질 수 있게 됩니다. 이때 개인 데이터를 데이터 주체의 적절한 동의를 얻지 못한 채 사용하게 되면 사생활 침해로 이어질 가능성이 매우 높아지게 됩니다.

⑤ 사회 연결의 고립과 해체

개인 경험을 큐레이팅하고 디지털 서비스를 개인화하는 인공지능 시스템의 능력은 소비자 생활과 서비스의 질을 크게 향상할 수 있지만, 개인을 고립시키거나 제한할 수 있다는 잠재적 위험도 동반할 수 있습니다.

⑥ 신뢰할 수 없거나 안전하지 않거나 품질이 낮은 결과

무책임한 데이터 관리, 부주의한 설계 및 생산 프로세스 그리고 의심스러운 배치 관행은 각각 그 나름대로 신뢰할 수 없거나 안전하지 않거나 품질이 떨어지는 결과를 내는 인공지능 시스템의 구현과 배포로 이어질 수 있으며 이러한 결과는 개인의 복지와 공공복지에 직접적인 피해를 줄 수 있습니다.

향후 5년 간 일어날 수 있는 인공지능 위험

2018년, 옥스퍼드 대학교 인류미래연구소(Future of Humanity Institute), 실존적위험연구센터(CSER·Centre for the Study of Existential Risk)에서 인공지능 악용 보고서(The Malicious Use of Artificial Intelligence: Forecasting, Prevention, and Mitigation)가 발간 되었습니다. 향후 5년 동안에 일어날 수 있는 인공지능 기술의 위험에 관한 내용이 담긴 이 보고서 작성에는 미국의 비영리 AI 연구 단체인 '오픈 AI'(Open AI)와 '프런티어전자재단'(The Electronic Frontier Foundation), 미국 안보 싱크탱크인 '뉴 아메리칸 안보센터'(Center for a New American Security)가 참여하였고, 학계와 시민단체, 업계 전문가 26명 등이 '인공지능 워크숍: 악의적 행위자에 따른 위엄'이라는 워크숍에 함께 하며 이 보고서의 내용을 도출하였습니다.

보고서 내용을 살펴보면 먼저, 불량 국가(테러지원국)나 범죄자, 혹은 테러리스트들이 이미 인공지능을 충분히 악용할 수 있는 수준에 있다고 경고하고 있습니다. 특히 전문가들이 우려하는 기술은 '강화 학습'(reinforcement learning)으로 불리는 새로운 분야입니다. 강화 학습을 통해 인공지능은 인간의 예시나 지침이 없는 상태에서 초인적인 수준으로 지식을 습득할 수 있습니다. 예를 들어 범죄자들이 인공지능에 인간 수준의 해킹이나 피싱 기술을 학습하게 된다면 인공지능은 시민과 조직, 국가 수준의 위험도를 높이는 존재가 될 수 있는 것입니다.

또, 인공지능이 악용될 가능성이 가장 높은 분야로 ① 디지털 분야 ② 현실 세계 ③ 정치를 들었습니다. 그 예로 미사일로 바뀔 수 있는 드론, 여론을 조종하는 가짜 영상, 자동화된 해킹 프로그램 등을 들 수 있는데 이를 예방하기 위해 개발하는 기술 또한 악용될 가능성을 줄이기 위해 지금보다 훨씬 더 많이 노력해야만 하며, 각 나라 정부들은 새로운 법안을 검토해야 한다고 주장하였습니다.

▨ 인공지능 악용 보고서의 주된 제안

① 정책 입안자들과 기술 연구원들은 인공지능의 잠재적 가능성을 조사, 예방, 완화하기 위해 협력해야 한다.

② 인공지능은 유용하기도 하지만, 오용할 수 있는 이중 사용 기술임을 이해하고 연구자나 기술자들은 언제나 악용 가능성을 염두에 두고 이를 미리 적극적으로 대응해야 한다.

③ 컴퓨터 보안과 같이 이중 사용 문제를 오랫동안 취급해온 분야에서 모범적인 사례를 배워야 한다.

④ 인공지능의 악용과 관련한 위험을 방지하고 완화할 수 있도록 다양한 분야의 이해관계자 및 전문가를 적극적으로 확충해야 한다.

향후 15년 간 일어날 수 있는 인공지능 위험

2020년, 유니버시티 칼리지 런던(University College London, UCL) 소속의 다우스 미래범죄 센터(AI-enabled future crime)는 '향후 15년 간 등장할 인공지능 범죄 보고서(DAWES CENTRE FOR FUTURE CRIME AT UCL)'를 발표했습니다. 이 보고서는 학술지나 뉴스, 소셜, 네트워크, 대중문화 콘텐츠 등의 다양한 데이터를 참고해 15년간 어떤 형태의 인공지능 범죄가 일어날 수 있는지 20가지 유형을 선정하고 인공지능 범죄의 심각성에 대해 예상 발생 피해 정도, 잠재적 범죄 수익, 범죄 근절 가능성에 대해 평가를 진행한 것으로, 인공지능 범죄의 다양한 분류와 심각성에 대해 자세히 살펴볼 수 있습니다.

보고서에서는 다음의 네 가지 인공지능 범죄 분류를 기준으로 20가지 형태의 인공지능 범죄를 판단해 그 심각성을 상·중·하로 분류하였습니다.

▨ 인공지능 범죄 분류 기준

첫 번째는 '피해 규모'입니다.
인공지능으로 만들어진 데이터나 콘텐츠, 프로그램에 미치는 피해 규모에 대해 예측해 보고 개별 피해자나 테러를 포함한 사회 전반에 얼마나 피해를 주는지에 대한 심각성을 측정했다고 합니다.

두 번째는 '잠재적인 범죄수입'입니다.
실제 인공지능 범죄를 발생시킨 사람들이 얻을 수 있는 게 어떤 것인지에 초점을 둡니다. 범죄 목적이 실현되었을 때 금융 수익이나 테러, 명예훼손 등의 피해를 살펴봐야 하는데, 그 피해 폭이 크다면 심각성에 굉장히 큰 영향을 끼칠 수 있습니다.

세 번째는 '범죄 실행 용이성'입니다.

범죄를 실행할 수 있는 기술들은 매체에 등장할 정도로 이슈가 되기도 하고 사람들에게 많이 거론되기도 했지만, 실제 범죄로 실행되기에는 용이하지 않은 부분도 있어야 하는 것도 사실입니다. 실제 범죄를 실행하기 위해서 기술이 발전해야 하는 부분, 또한 기술의 준비성과 유용성, 범죄 달성에 대한 실용성 등이 검토 하였다고 합니다.

네 번째는 '근절 가능성'입니다.

프로그램별로 마련된 가이드 라인을 적용할 경우 범죄 예방의 가능성이나 탐지의 어려움, 범죄를 무익하게 만드는 것이 어느 정도 가능한지를 살펴보는 기준입니다.

위 네 가지 기준을 바탕으로 인공지능 기술이 우리 삶에 어떤 형태로 악영향을 미칠 것으로 예상되는지, 또 20가지 범죄가 어떤 분류에 속하며 그 심각성이 어느 정도 되는지 자세히 살펴보겠습니다.

▨ 심각성 '상'에 해당하는 범죄

가짜 오디오, 가짜 비디오 범죄 (Audio/visual impersonation)

다양한 형태의 목소리와 비디오를 통해서 다른 사람의 원 영상들을 다르게 만들어 범죄에 악용하는 방식 등으로 비디오와 오디오를 통해 다른 사람을 사칭하는 것입니다. 실제로 멕시코에서는 돈을 벌기 위해 친인척 역할을 하는 배우들이 비디오 통화를 통해 친척들에게 아이들을 사칭하는 범죄를 만들어내기도 했습니다. 우리의 정보가 활용되는 사회라면 이런 범죄를 예방하는 것은 매우 중요합니다. 가짜 오디오 범죄의 다른 유형은 보안 시스템에 대한 접근을 요청하는 전화 통화 또는 공인의 가짜 화상 통화가 있습니다. 공인들의 가짜 비디오가 나왔을 때 본인인 척 이루어진 통화 내용이 법원 증거로 제출되는 경우, 증거가 워낙 완벽하기 때문에 증거 채택을 위해 진짜인지 가짜인지를 판단해야 하는 사례도 일어날 수 있습니다. 결국 딥러닝의 발전은 가짜 콘텐츠 생성을 위한 범위를 늘렸으며, 범죄 실행 용이성까지 높여주었다는 것을 알 수 있습니다.

무인차량 제어권 탈취 및 관련 범죄 (Driverless vehicles as weapons)

이것은 자동차가 이동 무기로 사용할 수 있다는 것을 시사합니다. 무인차량은 자동차에 사람이 없기 때문에 어느 지점에 보내 폭발시켜버리는 형태의 사용이 가능합니다. 그렇게 되면 피해 규모 역시 매우 높아지게 됩니다. 무인차량 제어권 탈취 및 관련 범죄에 대한 범죄 실행 용이성은 위험 정도가 매우 높은 것으로 나타났습니다. 반면 근절 가능성은 '낮음'에 해당 하는데 이는 확산이 클 수 있음을 의미합니다. 좀 더 구체적으로 내용을 보면 완전히 자율적으로 제어되는 무인 자동차는 아직 운행되고 있지 않지만 수많은 자동차 제조사에서는 사람이 전혀 관여하지 않는, 시스템 하나로 원격으로 조정하는 형태의 것들을 만들려고 노력하고 있습니다. 만약 이런 기술이 현실화된다면 한 명의 범인이 여러 번의 공격을 하거나 심지어 많은 수의 차량을 한꺼번에 조율할 수 있는 형태의 차량 테러가 일어날 수 있는 가능성이 커집니다. 그렇기 때문에 무인차량에 대한 제어권 탈취는 큰 범죄로 활용될 수 있고, 그 가능성 또한 높다고 이야기 할 수 있습니다.

피싱 메시지 사기 (Tailored phishing)

세 번째는 데이터 분석을 통한 맞춤형 피싱 메시지 사기, 스피어 피싱 등 '피싱 메시지 사기'의 공격입니다. 피싱 메시지 사기 범죄는 피해 규모나 잠재적 범죄수익, 범죄 용이성 등이 매우 높지만, 근절 가능성 또한 매우 높다고 평가하고 있습니다. 피싱 메시지의 데이터를 철저히 보안 속에 가둬 놓고 동시에 철저히 관리하고 책임자를 두면 이런 부문들은 해결할 수 있다고 보는 겁니다. 피싱 메시지 범죄의 예를 들면 은행에서 신뢰할 수 있는 당사자로부터 데이터를 받아 정보를 수집하거나 악성 프로그램을 설치하는 것을 목적으로 공격하는 겁니다. 이런 범죄는 디지털 또는 인터넷을 통해 더 많이 이루어질 수 있습니다. 공격자는 기존 신뢰를 악용하여 사용자에게 암호를 밝히거나 링크를 클릭하는 형태를 계속해서 수행하도록 설득합니다. '이 부분을 누르시면 됩니다.' '버튼을 누르면 편한 형태의 정보들을 얻을 수 있습니다.'라고 계속해서 설득하는 것입니다. AI는 더 진실하게 보이는 메시지를 조작함으로써 피싱 공격의 성공률을 향상합니다. 또한 피싱 메시지를 작성하는데 사용되는 기술은 향상되고 이런 기술로 만들어진 메시지는 인간이 쓴 것처럼 보여 훨씬 더 범죄에 악용되기 쉽습니다. 이후 온라인상의 광범위한 데이터를 수집하거나 이런 데이터를 통해서 공갈·협박할 수 있는 범죄가 이뤄질 수 있습니다.

공공, 사적 시스템 공격 (Large scale blackmail)

인공지능 시스템은 점점 필수적으로 사용되기 때문에 정보나 상업, 가정 안에서의 공격 기회는 훨씬 더 높아질 수 있습니다. 삶의 편리함은 결국 기술과 데이터를 통해 이루어 지므로 기술의 허점을 파고들어 갈 수 있고, 광범위한 정전 발생, 교통 정체 등으로 범죄나 테러 시나리오가 발생할 수 있습니다. 교통 정체나 물류에 대한 분류 등 이런 작업이 전혀 이뤄지지 않는다면 우리 생명에도 밀접한 영향을 미칠 수 있습니다. 또한 공동의 안전과 안전을 책임지는 시스템, 금융거래를 감독하는 시스템에 대한 부분들이 계속해서 범죄의 핵심 목표가 되고 타깃이 될 수 있습니다. 이런 시스템이 뚫리게 되면 우리가 누리는 복지의 삶을 살 수가 없게 됩니다. 오히려 이를 담보로 해서 공공기관과 정부를 공격하고 협박할 수 있습니다. 그렇기 때문에 그런 데이터들이 어떻게 수집되는지, 어떻게 관리되는지가 매우 중요합니다.

제어 시스템 교란 (Disrupting AI-controlled systems)

심각성이 높은 다섯 번째 범죄는 '인공지능 제어 시스템 교란'입니다. 전통적인 범죄에서는 불법행위에 대한 증거를 노출 하거나 개인의 정보를 망치는 유형의 범죄가 일어났다면, 인공지능 제어 시스템 교란은 SNS를 통해 다양한 형태의 범죄를 만들어 낼 수 있습니다. 소셜 미디어나 이메일, 브라우저 기록 또는 하드 디스크 안의 내용, 전화 등의 형태의 데이터를 아주 작은 단위인 데이터 세트 단위로 정보를 수집하고 그 안의 정보 중에서 특정한 취약점을 찾아내는 것입니다. 이 취약점을 이용해 상대에게 위험 메시지를 보내거나 개인에게 맞는 위험 메시지를 보내는 방식입니다. 예전에는 전화로 '돈 보내 달라, 지금 내가 아이를 이렇게 하고 있다'는 식이었다면 이제는 더 지능화된 형태의 범죄가 이뤄지게 됩니다. 결국 악의적으로 인공지능을 사용하여 제어 시스템을 교란한다면 상상할 수 없는 형태의 피해 규모들이 일어날 수밖에 없습니다.

만들어진 가짜뉴스 (AI-authored fake news)

마지막으로 다뤄볼 심각성 높은 인공지능 범죄는 '만들어진 가짜뉴스'입니다. 미래에는 인공지능에 관련되거나 인공지능으로 만들어진 기사들이 많이 양산 될것으로 예측 되는데, 이때 인공지능 형태로 양산된 정보들이 어떻게 영향을 미칠 것인지를 살펴볼 수 있습니다.
일상에서 사람들은 스마트폰을 통해, 또는 포털 사이트를 통해 기사를 살펴봅니다. 요즘

신문을 보더라도 타이틀이나 헤드라인만 보게 되는데, 이 부분만 보고 '그렇구나' 이해할 수도 있지만 사실 그 안에 들어가면 여러 가지 형태의 다양한 정보들이 있다는 것을 알게 됩니다. 즉 개인이 판단해야 할 자료들도 있다는 뜻입니다. 하지만 우리는 메인 카피 하나만 믿을 수밖에 없는 환경에 살고 있습니다. 워낙 콘텐츠와 자료가 방대하고 많은 사람에게 노출됐기 때문에 이런 문제가 생기는 것인데, 이를 이용해 가짜 뉴스가 양산되거나 배포됩니다. 뉴스는 신뢰할 수 있는 출처에서 발행된 것만 활용되지만, 가짜 뉴스는 그렇게 믿을 만한 것처럼 만들어서 내보낸다는 겁니다. 또한 거짓 정보를 전달하는 것뿐만 아니라 충분한 형태의 가짜 뉴스를 진정한 정보로부터 끄집어내는 형태, 주의를 끌 수 있는 형태의 역할을 하기도 합니다. 인공지능은 특정한 콘텐츠의 다양한 버전을 쉽게 생산할 수 있습니다. 콘텐츠를 만들 수 있는 기술들도 매우 편해졌기 때문에 다른 이가 제작한 많은 콘텐츠를 받아서 개인이 재가공해 바로 내보낼 수 있는 역량도 생겨났습니다. 이는 곧 영상이나 음성 등을 조작하는 것도 조금만 기술을 배우면 쉽게 할 수 있다는 것을 의미합니다. 결국 인공지능 특정 콘텐츠의 다양한 버전을 생성하는데 있어 가짜 뉴스로도 쉽게 사용할 수 있기 때문에 우리가 쉽게 가지고 올 수 있는 여러 소스들에 대한 관심과 신뢰성을 높여줄 필요가 있습니다. 구글이나 네이버, 다음 등 포털 사이트에 들어가면 다양한 형태의 콘텐츠나 프리젠테이션 등이 올려져 있고, 많은 사람들이 개별적으로 선택해 사용할 수 있도록 오픈되어 있습니다. 또한 SNS를 보면 인스타그램이나 유튜브 등에 개인에 대한 신상정보와 개인에게 노출된 정보가 많이 개방돼 있습니다. 이런 정보를 가져다가 기존의 것들과 섞어 새로 배포한다고 가정하면 여러 형태의 정보들을 얻을 수 있는데, 특히 개인에게 공격했을 때 치명적인 부분들까지 가져갈 수 있습니다. 어떤 노출에 대한 부분이나 했던 얘기들을 전혀 다르게 만들어 배포하는 식으로 만들어낸다면 실제 인터넷 상에서 정보가 배출되고 뉴스가 배출된 순간부터는 빠르게 퍼져나가게 됩니다. 그렇게 되면 해명할 기회가 없을 정도로 사람들은 빠르게 가짜 뉴스를 믿게 되고, 거짓 정보가 고정화되는 형태가 이루어지게 됩니다.

인공지능 범죄 중에서 심각성이 높은 범죄들을 살펴봤을 때, 앞으로 콘텐츠를 만들거나 또는 프로그램을 만들 때 많은 고민이 필요하다는 것을 시사합니다. 인공지능 사회 안에서 어떤 형태의 범죄가 생기며 피해를 줄 수 있는지, 또는 잠재적인 범죄수익은 어떻게 발생하는지, 범죄의 실행 용이성이나 근접 가능성이 어떤지 등의 가이드라인을 이제부터라도 적극적으로 연구할 필요성이 있습니다. 기술이 점점 더 발전하면서 인공지능 기술은 실제 인간과 더 가까워지는 형태의 기술을 만들어내게 될 것입니다. 약한 인공지능에서 강한 인공지능으로 나아가면서 앞으로 범죄의 위험성 역시 더욱 높아질 수밖에 없습니다. 그런 부분에서 인공지능 범죄와 심각성을 살펴보아야 합니다.

▨ 심각성 '중'에 해당하는 범죄

군사 로봇의 오용 (Misuse of military robots)

심각성 정도의 중간 레벨의 경우, 첫 번째 범죄로 꼽히는 것은 군사 로봇의 오용입니다. 인간이 로봇을 만들어 결국 사람 대신 전쟁하게 되는 형태로, 선한 일에 사용된다고 했을 때는 아무런 문제가 없지만, 나라와 나라와의 관계는 어떤 나라가 옳고 그른지 판단할 수 없는 경우가 발생할 수도 있습니다. 만약 군사 로봇이 범죄 단체나 테러 단체에서 군사용 하드웨어를 사용한다면 큰 문제가 일어날 수 있습니다. 전쟁터나 방어 배치용으로 만들어진 자율 로봇·군사 로봇을 범죄나 테러 단체에서 사용하게 되면 심각한 형태의 위협이 될 수 있기 때문에 이런 부분들을 예측해서 대비해 나가야 합니다.

사기성 마케팅, 사기성 건강관리 (Snake oil)

두 번째로 언급되는 범죄는 스네이크 오일(Snake oil), 즉 사기성 마케팅 및 건강 관리 사기에 해당 합니다. 스네이크 오일이란 우리 일상에서 밀접한 형태, 즉 어떤 요리를 할 때 기름을 넣거나 건강에 대한 부분들을 고려해 진행하는 것처럼 우리 삶에 꼭 필요한 것들을 가지고 범죄에 이용한다는 것입니다. 예를 들면 머신러닝을 이용해 상대방에게 '이런 조사와 과정을 통해서 이런 결과가 나왔는데, 결과를 보니 본인이 써보면 좋을 것 같습니다' 식의 정보를 제공하는 겁니다. 광고를 보면 '인공지능을 이용해서', '인공지능으로 나온 결과를 통해서 어떤 분석을 했는데 매우 좋더라.'는 식의 말이 자주 쓰이는데 앞으로는 이런 표현이 훨씬 더 많이 등장할 것으로 예상 합니다. 특히 사기성 마케팅이나 건강관리 등 사람들에게 더 민감한 부분에 투입될 가능성이 높습니다. 제품들은 가짜지만 인공지능에 대한 표현을 통해서 대중들에게 신뢰성을 부여하는 일들이 일어날 수 있다는 것입니다. 이런 형태의 사기는 실현 가능성이 매우 높고 기술 장벽 또한 거의 없다고 진단하고 있습니다. 인공지능에 관련된 데이터를 통해 검증 받았고 거기에 더해 이미지나 어떤 학교, 공공기관의 지인을 통한 증명서들을 쉽게 만들 수 있는 시대에 도래했기 때문입니다.

데이터 중독 (Data poisoning)

세 번째는 데이터 중독으로, 머신러닝을 통해 학습된 데이터를 조작해 특정 편견을 고의적으로 도입하는 방식입니다. 인공지능은 반드시 데이터를 통해 나온 결과물을 가지고 여러 가지 일을 만들고, 이것이 범죄에 활용된다는 것입니다. 예를 들면 비행기에 밀반입되는 무기에 인지할 수 없는 자동 X선 형태의 것들을 집어넣어 인공지능으로 인지하지 않으면 비행기 안에 무기가 없다는 결론을 내는 식으로 범죄가 이뤄지는 것입니다. 결국 데이터 조작은 여러 가지 형태의 범죄를 만들어 낼 가능성이 높다는 것을 알려줍니다.

학습 기반으로 한 사이버 공격 (Learning-based cyber-attacks)

네 번째는 학습을 기반으로 한 사이버 공격입니다. 결국 머신러닝이나 딥러닝 같은 기계가 학습하게 되는 경우로 기존의 사이버 공격은 특정 목표에 맞게 정교하게 맞춤화되어 만들거나 조작하지만 자동화된 형태의 것들로 만들어 숫자나 다른 형태를 통해 우리가 만들어낼 수(통제할 수) 있었습니다. 하지만 인공지능이 강화가 되면 여러 형태의 공격을 시작하기 전에 인공지능이 시스템을 계속해서 돌려보고 다양한 사례를 넣어보고 최종적으로 공격에 문제가 없게끔 해주는 방식으로, 오류 혹은 허점이 발견되었던 기존의 사이버 공격과 달리 인공지능을 통해서 학습하게 되어 오류를 거의 없게 해주는 형태가 될 수 있습니다. 그렇기 때문에 학습 기반으로 한 사이버 공격이 이루어지게 되면 일시적으로 대규모의 공격이 이루어질 수 있다는 점에서 매우 중요한 포인트가 됩니다.

자율 공격 드론 (Autonomous attack drones)

다섯 번째로 자율 공격 드론이 있습니다. 현재 드론에 대한 부분들은 많이 이슈가 되고 있고, 앞으로 드론 자동차나 드론 헬리콥터, 드론봇의 등장도 활용화가 기대되고 있습니다. 하지만 이 드론들이 공격을 감행했을 때, 친밀하다고 여겼던 드론 로봇이 전혀 다른 무기를 가지고 있다고 하면 문제가 될 수밖에 없습니다. 하늘에 떠 있는 드론이 나에게 택배 물건을 보냈다고 가정한다면 내가 좋아하는 어떤 사람이 나에게 택배를 보냈다고 생각하겠지만, 사실은 중간에 전혀 다른 드론이 들어와 나에게 배달되는 경우, 또는 그런 기관에 배달되었을 때 일어나는 범죄들은 심각성이 높을 수 있습니다. 마약 밀수라든가 사람의 살상 테러 부분에도 활용될 수도 있습니다. 그렇기 때문에 인공지능 제어를 받는 자율 드론이 치명적인 범죄에도 활용될 수 있습니다.

온라인 퇴거 (Online eviction)

여섯 번째는 온라인 퇴거에 대한 부분입니다. 앞으로 사람들은 금융이나 고용, 사회 활동, 공공 서비스, 이런 것들에 접근하기 위해서는 온라인 활동 즉, 디지털 속 세상에서 많이 살게 됩니다. 그런 온라인 활동에 대한 틈을 공격하는 것이 온라인 퇴거입니다. 공격에 마주한 사람들은 온라인에서 빠져나와야 하지만 그렇지 못합니다. 모든 행동이나 일상들이 온라인으로 이루어지기 때문에 빠져나오지 못하고 머무를 수밖에 없는 것입니다. 은행 거래를 할 때 대부분은 은행에 직접 가는 것보다 더 편한 온라인을 선호합니다. 이런 상황에서 과연 온라인 퇴거라는 범죄가 발생되었을 때 빠져나올 수 있을지 의문을 가지게 됩니다.

얼굴 인식 속임수 (Tricking face recognition)

일곱 번째는 얼굴 인식을 속임수에 해당합니다. 얼굴 인식 시스템은 스마트폰 등의 장치에서 신원 확인을 위해 많이 활용되고 있습니다. 공공장소에서 이루어지는 용의자 추적이나 국경에서 승객 점검 등 경찰 분야를 포함해 앞으로 점점 더 많이 사용될 것입니다. 얼굴 인식 정보를 활용한 테스트에서도 많이 사용될 수 있습니다. 하지만 범죄자들을 잡을 수도 있지만 전혀 다른 형태로도 사용될 수 있습니다. 얼굴 인식 속임수를 통해 다른 형태의 공격적인 데이터가 나올 수 있고 개인에 대한 정보 노출, 침해 등의 형태로 이루어질 수 있습니다. 만약 올바르지 않은 경찰이 얼굴 인식 데이터를 다르게 사용했다면 큰 문제가 발생할 수 있는 것처럼, 결국 인공지능에 관련된 여러 가지 범죄들은 누구나, 그리고 어떤 사람들이나 악용할 수 있고 악용되는 대상이 될 수 있습니다.

여덟 번째는 시장 폭파에 대한 범죄입니다. 이것은 통화 또는 경제 시스템 전반에 피해를 주기 위해 어떤 목표나 여러 가지 형태의 거래 패턴 등 금융에 관련된 정보들, 주식에 대한 정보들을 조작하는 것입니다. 고빈도의 데이터로 패턴을 전혀 다르게 만들면 주식의 낙락폭을 떨어뜨리는 등 악의적 조작에 사용될 수 있습니다.

위의 범죄들은 강한 인공지능으로 발전해 가면서 훨씬 더 많은 데이터가 수집되고 가공되는 과정에서 대비할 필요성이 있습니다. 다음은 인공지능 범죄 중 심각성이 낮은 범죄이지만 참조해야 하는 형태들로서, 정교화된 범죄로 진화할 때까지는 많은 시간이 소요되지만 만약 범죄에 악용되면 심각한 형태가 될 수 있는 범죄들을 살펴보겠습니다.

▨ 심각성 '하'에 해당하는 범죄

편향 악용

기존의 편향 알고리즘을 활용해 편향을 더 강화 해주는 역할을 할 수 있습니다.

도난 로봇

도난을 저지르는 데 사용되는 작은 형태의 자율 로봇을 만드는 것으로, 이런 사례에 대한 대비책을 마련해야 합니다. 범죄를 저지르기 위한 정보가 아닌, 대비를 위한 준비로 개발자와 활용하는 사람 모두가 인지하는 인공지능 윤리에 해당 합니다.

AI 탐지 회피

인공지능 탐지를 회피하는 범죄는 경찰이나 보안 서비스에서 사용하는 AI 시스템을 훼손하는 것을 말합니다.

가짜 리뷰

인공지능이 작성한 가짜 리뷰를 계속해서 배포하는 행동을 가리킵니다. 리뷰 점수를 왜곡하는 자동 콘텐츠들까지 만들어져 인공지능의 신뢰성을 높여주는 것처럼 보이게끔 하는데, 가짜 리뷰와 같은 형태는 앞으로 점점 더 고도화될 것으로 예측됩니다.

스토킹

인공지능 지원 스토킹에 해당합니다. 개인의 위치와 활동을 모니터링해 특정 사람이 어디에 있는지 등의 정보를 제공함으로써 범죄에 활용될 수 있습니다.

위조

예술 분야 즉, 음악 등에서 가짜 콘텐츠들이 양성될 수 있으며 콘텐츠나 작품이 누구 것이 원본인지 구분할 수 없는 형태가 만들어질 수 있다는 점에서 더욱 고려해야 할 부분입니다.

앞서 살펴본 범죄들이 실제로 실현되지 않기를 바라지만, 범죄가 이루어질 수 있는 확률이 높을 뿐 아니라 몇몇 형태의 범죄들은 시급한 해결을 촉구하는 문제로 대두되고 있습니다.

인공지능의 위험 요인 해결 방안, AI 윤리

인공지능 범죄나 인공지능 위험요인은 우리 현실에서 충분히 일어날 수 있는 문제이기에 더욱 심각하게 느껴질 수 있습니다. 분명한 것은 인간이 인공지능을 만들기 위해 수십 년간 노력하였듯, 인공지능으로 인해 야기되는 문제 또한 제어하고 방지하기 위해 끊임없이 노력하고 있다는 것입니다. 그리고 그 대표적 대안이자 인공지능 시대에 꼭 필요한 해결 방안이 바로 '인공지능 윤리'입니다.

2018년, 영국의 정치컨설팅 회사 케임브리지 애널리티카 (Cambridge Analytica)가 페이스북(FaceBook)의 데이터 공유 구조를 악용해 2016년 미국 대선에 영향을 끼쳤다는 사실이 밝혀지게 되면서 큰 파란이 일었습니다. 소셜 미디어에 노출될 뉴스와 정보를 결정하는 알고리즘을 악용해 가짜정보 생산과 유통에 영향을 끼치고 다른 의견을 가진 시민들을 고립시킨 것으로 드러났는데, 인공지능이 '정치 조작 로봇'으로 악용될 수 있다는 우려가 현실화된 대표적인 사례였습니다.

이 사건으로 인해 미국 의회에서는 청문회가 열렸고 페이스북의 최고경영자 마크 저커버그(Mark Zuckerberg)가 출석하였습니다. '왜 그런 일들이 페이스북을 통해서 일어났느냐'라는 질문에 마크 저커버그는 인공지능을 학습시키면 악의적 내용을 찾아내고 막을 수 있다며 알고리즘 개선을 약속했습니다.

같은 해, 인공지능 기술을 기반으로 국방부가 수집한 영상 정보를 식별하고 분류해 무인 항공기의 타격률을 높이기 위한 펜타곤 프로젝트 '프로젝트 메이븐(Project Maven)'에 구글(google)이 자사 인공지능 기술을 제공한 것으로 드러나 큰 이슈가 되었습니다. 구글 직원 4,000여명은 구글 최고경영자 순다르 피차이(Sundar Pichai)에게 "군사용 무인 항공기 소프트웨어 개발 사업인 '프로젝트 메이븐'에 구글이 참여하는 이유가 무엇인가, 인공지능을 전쟁 도구로 활용해선 안 된다"라며 "구글은 펜타곤과의 계약을 즉각 취소하고 구글이 전쟁과 관련된 기술을 구축하지 않는다는 명확한 정책을 마련해 공개·시행하라"는 내용의 서한을 보내며 강력하게 항의하였습니다. 몇몇 직원들은 이를 이유로 사표를 던지기도 했습니다. "감시 목적으로 사용될 수 있는 군사용 이미지 인식 소프트웨어를 개발하는 것 자체만으로 잠재적으로 치명적인 결과를 초래할 수 있다"는 비판 받았던 구글은 '프로젝트 메이븐(Project Maven)'를 취소하게 되었고 이는 구글의 AI 원칙을 발표하게 되는 계기가 되었습니다.

⊠ 구글의 AI 우리의 원칙(AI at Google: our principles)

1. 사회적으로 유익할 것
2. 불공정한 편견을 만들거나 강화하지 말 것
3. 안전을 위해 제작되고 시험될 것
4. 사람들에게 책임을 질 것
5. 프라이버시 원칙을 통합할 것
6. 높은 수준의 과학적 우수성을 지킬 것
7. 이러한 원칙에 부합하는 용도로 사용할 수 있도록 할 것

글로벌 기업들의 AI 윤리 대응

partnership on AI

글로벌 기업들은 인공지능 도입에 따라 발생할 수 있는 윤리적인 이슈에 대응하기 위해 인공지능의 이점에 관한 모범 사례들을 공유하거나 공동 연구를 진행하고 있습니다. 그 대표적인 예가 여러 글로벌 IT 기업들이 참여하고 있는 '인공지능 파트너십(partnership on AI)'입니다.

인공지능 파트너십 'partnership on AI' 홈페이지

2016년에 출범한 '인공지능 파트너십'은 글로 기업 간의 개방적 협력 사례입니다. 구글, 마이크로소프트, 아마존, IBM, 페이스북 등의 회사들을 주축으로 출범한 이후 2017년에는 애플도 참여하였습니다. 2022년 1월 기준, 14개국의 100여 개 기업·아카데미 기관·비영리 단체 등이 함께하고 있습니다. 국내 기업 중에서는 삼성이 참여하고 있습니다.

'partnership on AI'
참여 기업·기관 목록1

'partnership on AI'
참여 기업·기관 목록2

'인공지능 파트너십'은 '사람과 사회에 이익을 주는 인공지능 파트너십'이라는 의미로 다음을 목표로 하고 있습니다. 첫 번째, AI 기술의 연구·개발·테스트 등의 분야에서 모범 사례를 공유하고 접근 방식을 개발하는 것입니다. 두 번째, 핵심 기술의 잠재적인 이점이나 비용을 포함해 인공지능에 대한 대중의 이해를 증진하는 것을 목표로 하고 있습니다. 세 번째, AI의 미래에 대한 토론과 참여를 위해 개방적이고 포괄적인 플랫폼을 제공하고, 주요 이해 관계자가 지식과 역량을 갖출 수 있도록 지원하고 있습니다. 또 사회적으로 유익한 AI를 위해 노력하고 있습니다.

책임있는 AI원칙 '마이크로소프트'

마이크로소프트는 2016년 '책임감 있는 AI 개발'을 목표로 AI 개발부터 완료까지 준수해야 하는 원칙인 '책임 있는 AI 원칙 (Microsoft AI principles)'을 발표하였습니다.

01. 공정성
AI 시스템은 모든 사람을 공정하게 대해야 한다는 원칙입니다. 그렇게 되기 위해서 AI 시스템을 개발하고 배포하는 사람들이 다양성을 더욱 많이 고려해야 한다는 것입니다. AI 개발과 배포까지 이르는 개발의 전 단계에서, 팀원들이 어떤 가정을 세우고 의사결정을 할 때 편향된 관점이 들어갈 수 있습니다. 따라서 다수의 인공지능 개발자가 함께 개발에 참여하고 공정성을 평가하는 기술을 개발하는 등 인공지능의 편견을 없애기 위해 다양한 노력을 해야 한다는 것입니다.

02. 신뢰성과 안전
AI 시스템은 안전하고 신뢰할 수 있어야 한다는 것입니다. 신뢰성과 안전을 위해서는 AI 시스템이 설계에 맞게 진행되는지를 확인해야 합니다. 또 실수가 발생하는 상황이 존재하면 리스크와 문제점을 정량화 해서 사용자와 공유할 수 있어야 합니다. 많은 사람이 AI 시스템을 사용하는 과정에서 작은 오류들이 누적될 수 있어서 주의가 필요합니다. 그렇기 때문에 양질의 데이터 활용, 광범위한 테스트, 지속해서 성능 검사를 실시하는 등 예측되는 모든 요인들을 반영하여 신뢰성을 높일 수 있도록 해야 한다는 것입니다.

03. 개인정보 보호와 보안

AI 개발의 과정, 시스템 활동의 단계에서 모든 개인정보는 보호받고 존중되어야 한다는 것입니다. AI 시스템은 머신러닝입니다. 머신러닝은 과정이 반복될수록 새로운 복잡성이 계속해서 추가됩니다. 데이터를 사용해서 학습이 지속되는데, 데이터 사용이 늘어날수록 데이터가 유출되거나 공유되지 않도록 해야 한다는 것입니다. 예시로 마이크로소프트는 데이터 안정과 유출 방지를 위해 고객의 디바이스에서 데이터를 제거하지 않은 상태로 로컬에서 모델을 실행함으로써 잠재적인 취약점을 제거하고 있다고 합니다.

04. 포괄성

포괄성이라는 것은 소외되는 사람 없이 모든 사람에게 권한을 부여하고 사람들을 참여시키는 것을 의미합니다. 장애인이나 소수 집단을 차별하지 않는 것은 물론 전 세계의 다양한 커뮤니티의 전체 스펙트럼을 반영할 수 있도록 하는 것입니다.

05. 투명성

AI 시스템은 이해할 수 있어야 한다는 의미입니다. 해석 가능성 (interpretability)·명료성(intelligibility)이라고도 할 수 있는데 사용 방법의 공개는 물론 인공지능이 왜 그런 결과를 도출했는지 설명이 되고, 의도하지 않은 결과가 나왔을 때는 원인이 파악될 수 있어야 하는 것입니다. 투명성이 있어야 이용자들이 AI 시스템의 동작을 이해할 수 있습니다.

06. 책임

말 그대로 AI 시스템에 대해 책임을 져야 한다는 뜻입니다. AI가 복잡하고 예측하기 힘들지만 기술이 미칠 영향에 대해서 책임감을 가지고, 또 개발의 전 단계에서 모든 작업을 책임 있게 하는 것입니다.

"우리는 우리의 삶을 크고 작은 방식으로 개선할 수 있는 AI의 잠재력을 믿습니다. 우리는 모든 사람이 이를 통해 혜택을 누리도록 해야 합니다. 처음으로 우리는 기계에 그동안 인간이 해 왔던 역할을 맡기기 시작하고 있습니다. 이러한 기술들이 사람들과 사회에 의도치 않은 영향을 미칠 수도 있을지, 사람들의 가치관과 윤리관에 부합할지, 우리는 회사를 위하여 이러한 영향에 관해 생각할 필요가 있었습니다. 책임 있는 AI는 원칙을 실현하고, 모든 사람에게 힘을 실어주며, 포용적이면서 사람들이 이용할 수 있도록 기술을 개발하고 배포하기 위해 우리가 취하는 접근 방식입니다.

에터(Aether) 위원회는 어렵고 새로운 질문에 대해 심의할 책임이 있습니다. 우리는 편견을 감지하고 시스템을 공정하게 만드는 것이 무엇을 의미하는지를 생각해야 합니다. 이는 우리의 기술에서 오류와 사각지대를 감지하는 것이며 기술이 개인정보와 인권에 영향을 미칠 수 있는 분야에서 우리가 다른 조직이나 우리의 리더들에게 제공하는 조언을 통해 미칠 수 있는 영향을 숙고하는 것을 의미합니다. 책임감이 핵심입니다. 우리는 책임감 있는 컴퓨팅의 새로운 역할에 대해 매일 학습하고 있습니다.

BMW 그룹의 인공지능 윤리 강령

2020년 10월, BMW 그룹은 인공지능 사용을 위한 윤리 강령을 발표했습니다. '프로젝트 AI'로 밝혀진 인공지능 프로젝트를 진행하기에 앞서 'AI의 7대 원칙'을 발표한 것입니다. BMW 그룹은 EU에서 공식화한 기본 요구사항들을 기반으로 인공지능 사용의 7가지 기본 원칙을 수립하고, 이 원칙을 기초로 인공지능 기술의 발전과 응용을 진행하였습니다.

▨ BMW 그룹의 'AI의 7대 원칙'(2020)

1원칙, AI는 인간의 선택 의지와 감독 하에 존재한다.
2원칙: 기술적으로 견고함과 안전성을 유지해야 한다.
3원칙: 개인의 정보를 보호하고 데이터를 통합 관리한다.
4원칙: 투명하게 운영되어야 한다.
5원칙: 다양성을 존중하며 공정성을 지키고 차별을 금지한다.
6원칙: 환경 및 사회 복지를 증진할 목적으로 사용되어야 한다.
7원칙: 관리 감독 측은 책임을 다해 AI를 작동 구현시킨다.

01. AI는 인간의 선택 의지와 감독 하에 존재한다.

이것은 다른 말로, 통제 가능성이라고 할 수 있습니다. AI가 내린 결정에 대해서 인간이 모니터링을 할 수 있도록 구현하고 또 인간이 알고리즘의 결정을 무시할 수 있도록, 가능한 한 여러 방법들을 고려한다는 것을 의미합니다. 즉, AI가 인적 통제 하에 있어야 하고 인간의 기본권을 보장하고 자율성을 저해하지 않아야 한다는 것을 의미합니다.

02. 기술적으로 견고함과 안전성을 유지해야 한다.

강력한 AI 애플리케이션을 개발하는 것을 목표로, 의도하지 않은 결과 및 오류의 위험을 줄이기 위해 안전 표준을 준수해야 한다는 의미입니다. 인공지능 알고리즘의 전 생애 주기에서 오류나 오작동에 대한 처리가 가능하게 해 안전성을 갖추도록 노력하겠다는 뜻이기도 합니다.

03. 개인의 정보를 보호하고 데이터를 통합 관리한다.

AI의 저장 및 처리를 하는데 있어서 최신의 프라이버시 보호 조치를 취하고, 최신의 데이터 보안 조치를 확장하는 것을 뜻합니다. AI 사용자는 개인정보를 삭제할 수 있어야 하며, 관련 데이터가 인간에게 해를 주어서는 안 됩니다. 데이터 통제 또한 가능한 환경이 구축되어야 합니다.

04. 투명하게 운영되어야 한다.

AI 애플리케이션은 설명 가능성(explainability)이 있어야 한다는 원칙입니다. 또 각 기술이 사용되는 개방형 커뮤니케이션을 목표로 하고 있습니다.

05. 다양성을 존중하며 공정성을 지키고 차별을 금지한다.

BMW 그룹은 AI 원칙에 인간의 존엄성을 존중하는 것과 또 공정한 AI 애플리케이션을 구축하도록 하는 것을 포함하고 있습니다. 그리고 여기에는 AI에 의한 '규정 불이행의 방지'라는 것이 포함됩니다. 과거 인공지능은 인종이나 성별에 대한 내재적인 편견이 있다고 비판받은 바 있습니다. 이에 대해 BMW 그룹은 '다양성, 차별금지, 공정성'의 원칙을 통해서 과거부터 연구되어 온 기존의 인공지능의 차별을 제거하겠다는 것입니다. 또 동시에 모든 범위 인간의 능력, 기술, 요구사항들을 고려하고 접근성을 보장하려고 하고 있습니다.

06. 환경 및 사회 복지를 증진할 목적으로 사용되어야 한다.

고객, 직원, 파트너의 복지를 증진하는 AI를 개발하고 활용하도록 하겠다는 원칙입니다. 이 원칙을 통해 AI가 기후 변화, 환경 보호, 인권, 지속 가능한 성장 등을 이끄는 데 활용되도록 하고, 또 공정한 사회 변화를 주도하도록 하겠다는 것입니다.

07. 관리 감독 측은 책임을 다해 AI를 작동·구현시킨다.

AI 애플리케이션이 책임감 있게 작동하도록 구현해야 한다는 원칙입니다. BMW 그룹은 좋은 기업 거버넌스에 따라서 위험을 식별하고 평가하고 보호하고 완화할 것이라고 설명하고 있습니다. 인공지능 시스템과 그 결과에 대한 책임, 그리고 그 책임을 보장하기 위한 구조적 장치를 마련하겠다는 의지가 담겨 있습니다.

과거 BMW 그룹은 밸류 체인 전반에 걸쳐 약 400건 이상 AI의 판단에 따라 의사결정을 진행했으며, 그로 인해 큰 도움을 받았다고 밝히며 경영 혹은 생산 운영에서도 AI가 활용될 수 있음을 보여주었습니다. 하지만 지나친 의존이나 경계 없는 기술의 고도화에 대해서는 우려를 표했습니다. BMW 그룹의 'AI의 7대 원칙'에서도 'AI를 철저히 공공재적인 성격으로 평등하게 사용할 수 있게 해야하고, 인간에게 위해를 가할 목적으로 사용되어서는 안 된다'는 점을 강조하고 있음을 확인할 수 있습니다.

> "인공지능은 분명 디지털 세상으로 전환하는 핵심적인
> 기술임이 틀림없지만,
> 그런데도 분명한 건 인간이 중심이어야 한다."
> '프로젝트 AI' 책임자, 마이클 뷔르텐베르거(Michael Würtenberger)

우리의 세계는 변하고 있습니다. 디지털화는 고객의 삶을 혁신하고 제품에 대한 고객의 기대치를 바꿀 것입니다. 인공지능의 사용은 BMW 그룹에서 디지털을 변환하는 필수적인 부분입니다. 컴퓨터 과학 중 이 부분은 지적 행동의 자동화를 다룹니다. 즉, 컴퓨터는 우리 인간이 지능을 필요로 한 문제를 해결하기 위해 알고리즘을 사용합니다. 머신러닝은 대량의 데이터에서 패턴을 인식하고 이러한 패턴에서 지식을 얻는 것과 관련된 AI의 한 분야입니다. BMW 그룹은 이미 가치사슬 전반에 걸쳐 AI를 사용하여 고객이 직접 경험할 수 있는 데이터 기반 부가가치를 창출하고 제품 품질을 향상하며 직원을 지원하고 비즈니스 프로세스를 가속합니다. BMW 그룹의 초점은 사람과 기술을 사용하여 지원하는 것입니다. '프로젝트 AI'는 데이터 기반 애플리케이션과 관련하여 지식 이전을 가속화하고, 핵심(예 : 윤리적) 질문을 명확히 하고, BMW 그룹 내에서 기술 개발을 보호하며 회사 전체에 권한을 부여합니다. 2020년에 '프로젝트 AI'는 이미 400개 이상의 AI 애플리케이션을 집계했으며 그 수는 지속해서 증가하고 있습니다. BMW 그룹은 회사의 모든 영역에서 AI를 적용하기 위해 표적 접근 방식을 취하고 있습니다. 여기서 데이터 기반 기술의 책임 있는 사용이 최우선 과제입니다.

'AI의 7대 원칙' 소개 영상 중

IBM의 AI 윤리 원칙

2018년 IBM사는 사회 또는 커뮤니티의 가치 및 윤리적 원칙과 일치하는 방식으로 윤리적인 인간 중심 AI가 디자인되고 개발되어야 한다고 밝히며, 자사 AI 디자이너와 개발자들이 윤리적 고려 사항을 이해하고 실천할 수 있도록 5가지 AI 주요 윤리적 영역을 담은 실용 가이드를 공개하였습니다.

01. 책임

AI 디자이너와 개발자는 AI 디자인, 개발, 의사 결정 과정 및 결과를 고려해야 할 책임이 있습니다.

'책임'은 여러 윤리 원칙에서 빠지지 않는 부분입니다. IBM도 책임을 통해서 AI 설계자와 개발자가 AI를 설계하고 개발하고 의사 결정 프로세스 그리고 결과들을 생각할 때 그것에 관한 책임을 공유하도록 하고 있습니다. 인간의 판단은 객관적으로 보이는 논리적 의사결정 시스템 전반에서 영향을 미치게 됩니다. 알고리즘을 작성하고 그 알고리즘의 성공과 실패를 정의하고, 시스템을 어떻게 사용할 것인가 결정하고 시스템의 결과에 영향을 받는 것이 인간이기 때문입니다. 그렇기 때문에 어떤 단계에서든 AI 창조에 관여한 모든 사람은 개발에 투자한 기업과 마찬가지로 책임이 있다는 것입니다.

02. 가치 정렬

AI를 설계할 때 사용자 그룹의 규범과 가치를 염두에 두고 이에 부합하도록 해야합니다.

AI는 다양한 인간 관심사와 함께 작동합니다. 사람들은 경험, 기억, 가정교육 및 문화적 규범을 비롯하여 다양한 맥락 요인을 기반으로 의사결정을 내립니다. 이러한 것들을 기반으로 "옳고 그름"을 근본적으로 이해할 수 있습니다. 하지만 AI 시스템에는 이러한 유형의 경험이 없으므로 디자이너와 개발자는 다양한 문화적 규범과 가치를 세심하게 살필 수 있도록 주의해야 합니다. 가치 체계를 고려하는 것이 어려워 보일 수 있지만, 보편적 원칙의 공통적인 핵심은 그것이 협동 현상이라는 것입니다. 그래서 IBM은 기존 가치를 고려하기 위해서 설계자와 개발자가 더 협력해야만 한다고 강조하고 있습니다.

03. 설명 가능성

AI를 설계할 때 사람이 AI의 의사결정 과정을 쉽게 인지, 감지 및 이해할 수 있도록 해야 합니다.

일반적으로 우리는 논리적인 설명을 못하는 사람을 맹목적으로 신뢰하지는 않습니다. 이는 AI도 마찬가지이며 오히려 더 심할 것입니다. AI의 능력이 향상되고 영향 범위가 확장됨에 따라 AI의 의사결정 과정을 사람이 이해할 수 있는 방식으로 설명할 수 있어야 합니다. 이를 AI의 해석 가능성이라고도 합니다. 사용자는 어떤 기능이 예측에 어느 정도 기여했는지, AI 모델이 만든 각 예측을 검토할 수 있어야 합니다. 설명 가능성은 AI와 상호 작용하는 사용자가 AI의 결론과 추천을 이해하는 데 매우 중요합니다. 좋은 설계는 원활한 경험을 위해 투명성을 희생시키지 않습니다. 인식할 수 없는, 즉 설명가능성 없는 AI는 윤리적 AI가 아니라고 설명할 수 있습니다.

04. 공정성

AI는 편향을 최소화하고 포용적 표현을 장려하도록 설계해야 합니다.

AI는 개인의 민감한 데이터를 다루게 될 경우 사생활에 대한 더욱 깊은 인사이트를 제공합니다. 인간은 본질적으로 편향에 취약하고 AI를 구축하는 것도 인간이므로 우리가 만드는 시스템에 편향이 포함되어 있을 가능성이 있습니다. 그렇기 때문에 다양한 인구를 대표하는 지속적인 연구와 데이터 수집을 통해 알고리즘의 편향을 최소화 하도록 해야 한다는 것입니다.

　IBM은 '일반적인 지식 근로자는 다양한 유형의 편향에 대해 인지하지 못합니다. 다음의 목록이 전부는 아니지만 이러한 편향은 AI를 디자인하고 개발할 때 좀 더 주의해야 하는 유형에 포함됩니다.'라는 언급과 함께 '의도하지 않은 편향의 정의'를 아래와 같이 제시했습니다.

의도하지 않은 편향의 정의

지름길 편향 (shortcut bias) "나는 이것에 대해 생각할 시간이나 에너지가 없다."	공평성 편향 (impartiality bias) "내가 가끔 틀리는 건 알지만, 이건 내가 옳다."	자기중심적 편향 (self-interest bias) "우리가 가장 많은 기여를 했습니다. 그들은 별로 협조적이지 않았습니다."
가용성 편향(availability bias) 기억 속의 더 큰 "가용성"으로 이벤트를 과대 평가 • 최근, 특이한 또는 감정이 북받친 기억의 영향을 받을 수 있음. • 기저율 무시 오류 (base rate fallacy) 일반 정보를 무시하고 특정 정보(특정 사례)에 집중하는 경향. 부합성 편향(congruence bias) 대체 가설을 테스트하는 대신 직접 테스트를 통해 가설을 배타적으로 테스트하는 경향.	앵커링 편향(anchoring bias) 의사결정을 내릴 때 하나의 특성이나 일부 정보에 너무 많이 의존(일반적으로 해당 주제에 대해 확보한 첫 번째 정보). • 시류 편향(bandwagon bias) 많은 사람이 하기 때문에 무언가를 하거나 믿는 경향(그룹 사고). 편향 사각지대(bias blind spot) 자신을 다른 사람보다 덜 편향된 것으로 보거나 자신보다 다른 사람에게서 더 많은 인지적 편향을 발견하는 경향.	내집단/외집단 편향 (ingroug/outgroupbias) 자신이 속하지 않은 집단보다 자신이 속한 집단에 더 호의적인 경향. • 매몰 비용 편향(sunk cost bias) 비록 더는 유효하지 않아 보여도 과거의 선택을 정당화하려는 경향. • 현상 유지 편향(status quo bias) 더 나은 대안이 존재하는 경우에도 현재 상황을 유지하려는 경향. NIH(여기에서 만든 것이 아님) 편향(Not Invented Here bias)

지름길 편향 (shortcut bias) "나는 이것에 대해 생각할 시간이나 에너지가 없다."	공평성 편향 (impartiality bias) "내가 가끔 틀리는 건 알지만, 이건 내가 옳다."	자기중심적 편향 (self-interest bias) "우리가 가장 많은 기여를 했습니다. 그들은 별로 협조적이지 않았습니다."
• 공감 격차 편향 (empathy gap bias) 자신 또는 다른 사람의 감정의 영향이나 힘을 과소평가하는 경향. • 고정관념(stereotyping) 그룹에 속한 구성원에 대한 실제 정보 없이 해당 개인에게 특정 특성이 있을 것으로 예상.	• 확증 편향(confirmation bias) 자신의 선입관을 확인하는 방법으로 정보를 검색하거나 해석하고 그러한 정보에 집중하는 경향. • 후광 효과(halo effect) 전반적인 인상이 관찰자에게 영향을 미치는 경향. 한 영역의 긍정적인 감정이 모호하거나 중립적인 특성을 긍정적으로 보게 함.	• 외부 그룹에서 개발된 제품, 연구, 표준 또는 지식과 접촉하거나 사용하는 것에 매우 배타적. • 자기 위주 편향 (self-serving bias) 강점/업적에 집중하고 단점/ 실패를 간과하는 경향. 자신이 속한 그룹의 작업에 대한 책임을 다른 그룹에 더 많이 떠 넘기는 것.

05. 사용자 데이터 권한

AI는 사용자 데이터를 보호하고 액세스 및 사용에 대한 사용자의 권한을 보존하도록 설계되어야 합니다.

AI가 개인정보 보호를 강화하거나 침해하는 데 사용될 수 있기 때문에 사용자의 권한은 중요해질 수 밖에 없습니다.

이에, IBM은 AI의 허용 가능한 사용자 데이터 액세스 권한을 설계할 때 해당하는 국내 및 국제 권리 법률 준수, 개인정보를 사용하거나 공유하는 방식의 완전 공개 등을 사용자 데이터 권한 영역의 권장 조치 사항으로 설명하고 있습니다.

카카오의 'AI 알고리즘 윤리 헌장'

우리나라 기업들은 어떤 시각에서 AI 윤리를 제정하였는지 보아야 합니다. 2018년 1월 카카오는 국내 기업 중 최초 AI(Artificial Intelligence, 인공지능) 기술 개발 및 윤리에 관한 알고리즘 규범을 마련해 발표하였습니다.

초기에 다섯 개 조항을 제시하였으며, 2019년 8월 여섯 번째 조항이, 2020년 7월은 다른 기업의 AI 윤리 원칙에선 볼 수 없던 일곱 번째 조항이 추가되었습니다.

※ 카카오의 'AI 알고리즘 윤리헌장' (2020년 개정안)

---

1. 카카오 알고리즘의 기본원칙
   카카오는 알고리즘과 관련된 모든 노력을 우리 사회 윤리 안에서 다하며, 이를 통해 인류의 편익과 행복을 추구한다.

2. 차별에 대한 경계
   알고리즘 결과에서 의도적인 사회적 차별이 일어나지 않도록 경계한다.

3. 학습 데이터 운영
   알고리즘에 입력되는 학습 데이터를 사회 윤리에 근거하여 수집·분석·활용한다.

4. 알고리즘의 독립성
   알고리즘이 누군가에 의해 자의적으로 훼손되거나 영향받는 일이 없도록 엄정하게 관리한다.

5. 알고리즘에 대한 설명
   이용자와의 신뢰 관계를 위해 기업 경쟁력을 훼손하지 않는 범위 내에서 알고리즘에 대해 성실하게 설명한다.

네이버의 'AI 윤리 준칙'

2021년 2월 네이버도 서울대 AI 정책 이니셔티브(SAPI)와 2018년 부터 협업해 완성한 'AI 윤리 준칙'을 발표하였습니다. 준칙 전문(前文)에 AI 기술은 누구나 쉽고 편리하게 활용할 수 있는 "일상의 도구"라고 명시하며 다섯 가지 준칙을 제시하였습니다.

▨ 네이버의 'AI 윤리 준칙' (2021)

네이버는 첨단의 AI 기술을 누구나 쉽고 편리하게 활용할 수 있는 일상의 도구로 만들겠습니다. 사용자에게 새로운 연결의 경험을 선보이는 도전을 멈추지 않음으로써 다양한 기회와 가능성을 열어 나가겠습니다. 이를 위해 네이버의 모든 구성원은 AI 개발과 이용에 있어 아래와 같은 윤리 원칙을 준수하겠습니다.

1. 사람을 위한 AI 개발
    네이버가 개발하고 이용하는 AI는 사람을 위한 일상의 도구입니다. 네이버는 AI의 개발과 이용에 있어 인간 중심의 가치를 최우선으로 삼겠습니다.

2. 다양성의 존중

   네이버는 다양성의 가치를 고려하여 AI가 사용자를 포함한 모든 사람에게 부당한 차별을 하지 않도록 개발하고 이용하겠습니다.

3. 합리적인 설명과 편리성의 조화

   네이버는 누구나 편리하게 AI를 활용하도록 도우면서, 일상에서 AI의 관여가 있는 경우 사용자에게 그에 대한 합리적인 설명을 하기 위한 책무를 다하겠습니다. 네이버는 AI에 관한 합리적인 설명의 방식과 수준이 다양할 수 있다는 점을 고려해, 이를 구체적으로 실현하기 위하여 노력하겠습니다.

4. 안전을 고려한 서비스 설계

   네이버는 안전에 유의하여, 서비스의 전 과정에서 사람에게 유해한 영향을 미치지 않는 AI 서비스를 설계하겠습니다.

5. 프라이버시 보호와 정보 보안

   네이버는 AI를 개발하고 이용하는 과정에서 개인정보 보호에 대한 법적 책임과 의무를 넘어 사용자의 프라이버시가 보호될 수 있도록 노력하겠습니다. 또한 개발 단계를 포함해 AI 서비스의 전 과정에서 정보 보안을 고려한 설계를 적용하겠습니다.

인공지능 기술을 주도하고 있는 국내외 글로벌 기업들의 인공지능 윤리 강령에는 공통점이 있습니다. "AI는 인간의 가치를 존중하고 인간에 의해 관리 감독 되어야 하며, 인간에 대해 어떠한 판단도 내려서는 안 된다"는 인간 본위의 윤리 강령이라는 점입니다.

하지만 대부분의 윤리 강령에는 인공지능 오류 및 인공지능의 판단에 따라 발생하는 결과의 '책임'이 누구에게 있다는 내용은 규정되어 있지 않습니다. 만에 하나 발생할 수 있는 사고와 그에 대한 피해에 따른 '책임'이 '과연 누구에게 있는가?'라는 질문에 대한 답을 그 누구도 내리지 못하고 있기 때문입니다.

이 질문에 대한 답을 찾기 위한 적극적인 논의를 통해 답을 찾고, 이와 관련해 윤리 준수를 위한 입법 등의 사회적 기준이 확정될 때 진정한 '책임 있는 인공지능 윤리 실천'이 이뤄질 것입니다.

여섯 번째 이야기

인공지능 시대의
직업 윤리

● 직업윤리란?

　우리나라 국가직무능력표준(National Competency Standards, NCS)는 직업윤리를 '원만한 직업생활을 위해서 필요한 태도나 매너, 올바른 직업관을 의미'한다고 정의하고 있습니다. 현대인들은 직업 활동을 통해 자아를 실현하고 사회생활에 참여하면서 타인들과 관계를 맺으면서 살아갑니다. 직장인·사회인으로서의 삶에 타인과의 소통과 협업, 관계 등이 전제된다는 것은 모두가 공감할 것입니다. 그렇기 때문에 직업생활에는 개인의 올바른 마음가짐, 직업에 대한 책임감 그리고 다른 사람과의 소통, 조직의 규범 준수 등이 당연히 수반되어야 하는데, 이것을 직업윤리라고 할 수 있습니다. 보통 윤리라고 하면 소양일 뿐 필수 능력은 아니라고 생각할 수도 있지만, NCS에서는 직업윤리를 능력으로 정의하고, 성취해야 하는 요소로 보고 있습니다. NCS에서는 기초직업능력으로써 직업윤리에 대한 성취 수준을 아래와 같이 제시하고 있습니다. 기본적인 윤리인 직업윤리를 기준으로 그 하위능력으로 직장생활에서의 근무태도에 대한 근로윤리 그리고 직장생활과 관련된 타인 또는 조직과의 관계에서 이루어져야 하는 공동체 윤리로 구분하고 있습니다.

기초직업능력으로서 직업윤리표준에 따른 성취 수준

구분		성취수준
직업 윤리	상	근로자에게 요구되는 기본적인 윤리를 준수하고 있는가?
	중	공동체의 유지·발전에 필요한 기본적인 윤리를 준수하고 있는
	하	가?
하위 능력	근로 윤리	
	근면성	직장생활에 있어 부지런하고 꾸준한 자세를 유지하고 있는 가?
	정직성	직장생활에 있어 속이거나 숨김없이 참되고 바르게 행동하는 가?
	성실성	맡은 업무에 있어서 자신의 정성을 다하여 처리하는가?
	공동체 윤리	
	봉사정신	자신의 이해를 먼저 생각하기 보다는 국가, 기업 또는 남을 위 하여 애써 일하는 자세를 가졌는가?
	책임의식	주어진 업무 또는 하기로 하고 맡은 업무는 어떠한 일이 있어 도 하는 자세를 가졌는가?
	준법성	직장에서 정해진 규칙이나 규범 등을 지키고 따르는가?
	직장예절	직장생활과 대인관계에서 절차에 맞는 공손하고 삼가는 말씨 와 몸가짐을 가졌는가?

나의 직업윤리 능력은?

여러분은 자신이 직업윤리 역량을 얼마나 갖추고 있는지 알고
자 하는 경우 NCS에서 공개한 '직업윤리 체크리스트'를 확인해보면
됩니다. 문항별 영역은 총 세 영역으로 구분됩니다. 1번부터 4번은
직업윤리, 5번부터 12번은 근로 윤리, 그리고 13번에서 20번은 공동

체 윤리에 해당 됩니다. 직업윤리는 직장생활 속에서 근면, 정직, 성실을 바탕으로 하는 근로윤리와 또 동료와 타인에 대한 봉사, 책임의식, 예절, 준법의식 등을 중요하게 여기는 공동체 윤리로 이루어져 있습니다.

직업윤리 체크리스트

문항	그렇지 않은 편이다.	보통인 편이다.	그런 편이다.
1. 나는 사람과 사람 사이에 지켜야 할 도리를 지킨다.	1	2	3
2. 나는 시대와 사회상황이 요구하는 윤리규범을 알고 적절히 대처한다.	1	2	3
3. 나는 직업은 나의 삶에 있어서 큰 의미가 있다고 중요하다고 생각한다.	1	2	3
4. 나는 업무를 수행하는 중에는 개인으로서가 아니라 직업인으로서 지켜야 할 역할을 더 중요하게 생각한다.	1	2	3
5. 나는 내가 세운 목표를 달성하기 위해 규칙적으로 부지런한 생활을 유지한다.	1	2	3
6. 나는 직장생활에서 정해진 시간을 준수하며 생활한다.	1	2	3
7. 나는 이익이 되는 일보다는 옳고 유익한 일을 하려고 한다.	1	2	3
8. 나는 일을 하는데 있어 이익이 되더라도 윤리규범에 어긋나는 일은 지적하는 편이다.	1	2	3
9. 나는 조직내에서 속이거나 숨김없이 참되고 바르게 행동하려 노력한다.	1	2	3
10. 나는 지킬 수 있는 약속만을 말하고 메모하여 지키려고 노력한다.	1	2	3

문항	그렇지 않은 편이다.	보통인 편이다.	그런 편이다.
11. 나는 내가 맡은 일을 존중하고 자부심이 있으며, 정성을 다하여 처리한다.	1	2	3
12. 나는 건전한 직장생활을 위해 검소한 생활자세를 유지하고 심신을 단련하는 편이다.	1	2	3
13. 나는 내 업무보다 다른 사람의 업무가 중요할 때, 다른 사람의 업무도 적극적으로 도와주는 편이다	1	2	3
14. 나는 평소에 나 자신의 이익도 중요하지만, 국가, 사회, 기업의 이익도 중요하다고 생각하는 편이다.	1	2	3
15. 나는 속한 조직에 힘들고 어려운 일이 있으면 지시받기 전에 자율적으로 해결하려고 노력하는 편이다.	1	2	3
16. 나는 속한 조직에 주어진 업무는 제한된 시간까지 처리하려고 하는 편이다.	1	2	3
17. 나는 속한 조직에서 책임과 역할을 다하며, 자신의 권리를 보호하기 위해 노력한다.	1	2	3
18. 나는 업무를 수행함에 있어 조직의 규칙과 규범에 따라 업무를 수행하는 편이다.	1	2	3
19. 나는 조직생활에 있어 공과 사를 구별하고 단정한 몸가짐을 하는 편이다.	1	2	3
20. 나는 질책보다는 칭찬이나 격려 등의 긍정적인 언행을 더욱 하는 편이다.	1	2	3

진단 결과 '그렇지 않은 편이다'를 선택한 항목이 있다면 그 항목에 대한 역량이 부족하다고 판단할 수 있습니다.

인공지능 활용 산업 분야

인공지능은 인간의 노동이나 직업과 관련해 많은 것을 바꿀 것이라고 전문가들은 예측합니다. 2018년, 우리나라의 '대통령령 직속 4차 산업혁명 위원회'가 발간한 '4차 산업혁명시대 산업별 인공지능 윤리의 이슈 분석 및 정책적 대응 방안 연구'라는 보고서에 인공지능을 활용되는 산업 분야로 의료, 제조, 에너지, 금융, 유통, 교통 등 17개의 산업 분야를 지정하고 각 분야에 해당하는 인공지능이 어떻게 적용될 수 있는지 설명하고 있습니다.

※ 인공지능 활용 산업 분야 분류와 적용산업 현황

1) 의료: 진단의 정확도 증가(약물 오남용방지), 맞춤형 정밀 의료 서비스 제공
2) 제조: 3D 프린팅 등으로 생산기간 단축 및 수요 맞춤형 다품종 소량생산 가능
3) 에너지: 에너지의 소비 패턴을 통한 비용절감 가능.
    필요한 에너지즐 자가 생산 및 소비 후 잉여 에너지는 판매하는 'E(Energy) - 프로슈머' 등장
4) 금융: 사람의 개입 없이 로보어드바이저 기반 개인자산 분석 가능, 금융 사기 탐지 및 대응 가능
5) 유통: 어디서든 사용자가 원하는 물건을 구입하는 무노력 쇼핑(Zero-Effort Shopping) 실현, 맞춤형 쇼핑 지능화
6) 교통: 사고 없이 안전하게 운행하는 무인버스·무인택시의 상용화
7) 도시: 교통 정체구간 분석을 통해 실시간 교통관제 가능. (운전시간, 연료, 이산화탄소 배출 비용 감소)
8) 주거: 가전에 인공지능 도입, 가사의 자동화 실현
9) 웰니스: 생활운동 유인 및 건강상태 모니터링을 통한 건강증진 효과
    대기·수질오염 측정 및 실시간 대응으로 관련 질병 예방과 사망자 수 감소 도모

10) 농업: 자율주행 장비, 온습도 센서, 양액 재배, 관리시스템 등 농업의 생산성 향상 및 노동력 저감을 위한 지능형 시스템 개발

11) 국방: 지능형 CCTV 활용 가능, 빅데이터를 활용한 국제범죄·테러 등의 범죄 사전 예측 및 신속 대응 가능

12) 법률: 법률, 세금 등 법 관련 실시간 대화형 통합민원상담 서비스 제공
방데한 데이터 분석으로 공평하고 정확하게 판결할 수 있는 인공지능 판사 등장

13) 사무관리: 사무실 내 업무환경 조성 및 문서 관리
인사·조직 관리 등 ERP 서비스를 통해 기업의 전반적인 관리 서비스 제공

14) 공공분야: 생애주기별 실업, 주거, 돌봄, 질병 등
사회적 위험에 대응하는 통합형 복지서비스 제공

15) 교육: 학습패턴, 공부 방식 분석 등을 통한 개인 맞춤형 교육 서비스 제공

16) 문화관광: VR·AR을 통해 방문자가 직·간접적으로 현장 체험할 수 있는 서비스 제공

17) 안전: 최근 발생하는 싱크홀 등 지하구조물 관리 및 태풍, 홍수 등
재해재난 예방 서비스 제공

노동환경의 변화를 야기하는 인공지능

영국 옥스포드 대학교(University of Oxford)의 마틴스쿨의 칼 베네딕트 프레이(Carl Benedikt Frey)와 마이클 오스본(Michael Osborne) 교수는 2013년 9월 발표한 '고용의 미래: 직업은 자동화에 얼마나 민감할까?'(The Future Of Employment: How Susceptible Are Jobs To Computerisation?)라는 논문에서 '인공지능 로봇으로 인한 자동화 기술 발전으로 20년 이내 현재 직업의 47%가 사라질 가능성이 크다'고 지적하였습니다. 인공지능 자동화 시스템이 적용될 가능성이 높은 분야로는 일상적이고 반복적이며 예측 가능한 작업을 수행하는 직업으로 나타났습니다.

과거에도 시대의 흐름에 따라 많은 직업이 사라지고 생겨났습니다. 그렇다면 인공지능 시대에 오히려 일자리가 늘어나고 주목 받을 직업은 무엇일까요? 이와 관련, 2019년 한국고용정보원에서는 '4차 산업혁명 시대 내 직업 찾기'라는 가이드북을 통해 미래 유망직업 15선을 소개하였습니다.

▩ 미래 유망 직업 15선

1. 사물인터넷 전문가
2. 인공지능 전문가
3. 빅데이터 전문가
4. 가상현실/증강현실 전문가
5. 생명과학 연구원
6. 정보보호 전문가
7. 로봇공학자
8. 자율주행차 전문가
9. 스마트팜 전문가
10. 환경공학자
11. 스마트 헬스케어 전문가
12. 3D 프린팅 전문가
13. 드론 전문가
14. 소프트웨어 개발자
15. 신·재생에너지 전문가

대부분 직업이 ICT, 로봇, 인공지능, 생명과학과 관련된 직업이라고 할 수 있습니다. 바꾸어 말하면, 첨단과학기술을 적용하고 운영하기 위한 직업들이 출현하거나 주목을 받을 것이라는 것입니다.

'클라우드 컴퓨팅 보안개발자', 'O2O 서비스 기획자', '뉴로모픽칩 개발자' 등이 그 예가 될 수 있습니다.

그렇다고 모든 인간이 위에서 언급했던 직업만을 선택해야 하는 것은 아닙니다. 현재 존재하는 직업 중에서도 인공지능이 대체하기 어려운 분야가 분명히 존재하기 때문입니다. 인간의 창의, 독창성, 직관, 감정 지능 상호작용, 공감은 완벽히 인공지능으로 대체하기는 어려운 영역입니다. 고난도 자동화 수술을 인공지능이 대체하도록 할 수는 있겠지만 의사와 눈빛을 교환하고, 환자와 교감을 하며 진료 상담을 하는 일은 인공지능이 인간만큼 하기는 어려울 것입니다. 따라서 타인과 상호작용하며 긴밀한 관계를 맺어야하는 간호사, 상담가, 보호사, 화가, 조각가, 사진작가, 가수와 같이 창의성과 인간미가 요구되는 예술 분야나 스포츠 분야 등은 인공지능 시대에서도 계속 존재할 것으로 예상됩니다.

인공지능 시대의 직업윤리

우리 정부는 2019년 12월 AI 시대 미래 비전과 전략을 담은 'AI 국가전략'을 발표하였습니다. 인공지능을 가장 잘 활용하는 국가 건설을 위해 인공지능 경쟁력 혁신, 인공지능 활용 전면화, 인공지능과 조화·공존을 핵심 키워드로 내세웠습니다. 이 중 인공지능 기술 발전이 가져올 일자리 변화 그리고 기계가 인간의 지능과 능력을 뛰어넘으면서 발생할 수 있는 윤리적인 문제들을 해결하려는 정부의 정책에도 많은 관심이 쏠렸습니다.

현재 우리 삶에서 직업윤리가 요구되듯이 인공지능 시대를 살아가는 직업인들에게도 인공지능 시대에 맞는 직업윤리가 요구될 것으로 예상됩니다. 그렇다면 인공지능과 관련한 직업윤리로는 어떤 것들이 있을까요? 인공지능은 기술이기에 '설계·제작·공급·사용' 이 모든 단계에서 책임과 윤리적 문제가 발생할 수 있습니다. 이 모든 단계에 관련된 직업인의 윤리가 바로 인공지능과 관련한 직업윤리입니다. 인공지능과 관련한 구성원은 인공지능을 도입하려는 공급자 그리고 이것을 기획하고 설계하고 구현하는 개발자, 또 완성된 제품이나 서비스를 이용하는 이용자, 이렇게 세 역할로 구분이 됩니다. 이 중 공급자와 개발자의 윤리가 바로 인공지능과 관련한 직업윤리에 해당한다고 볼 수 있습니다.

우리나라의 인공지능 윤리 가이드라인

2018년, '지능정보사회 윤리에 대한 가이드라인' 일명 '서울 PACT'가 발표되었습니다. 미국, 일본, 유럽 등 선진국이나 IEEE와 같은 국제학회를 중심으로 2016년부터 지속해서 발표되었던 인공지능 윤리 헌장 및 윤리 선언과 시대적 요구를 공유하고 있기 때문에 인공지능, 로봇과 같은 지능정보 기술 관점에서의 윤리 이슈와 동시에 지능정보사회라는 우리가 살아갈 환경 관점에서의 윤리적 규범을 함께 다루고 있다는 점이 그 특징입니다.

'서울PACT'는 인공지능의 네 가지 특징에 대응하는 인공지능 윤리 대원칙을 도출했습니다. 인류 번영이라는 특징에는 공공성(Publicness) 원칙을, 그리고 사회 변화라는 특징에는 책무성(Accountability)라는 원칙을, 그리고 자율성이라는 특징에는 통제성(Controllability)라는 원칙을, 지능성이라는 특징에는 투명성(Transparency)을 부여한 것입니다.

먼저 '공공성'은 공동체에 최대한 도움을 줄 수 있도록 활용하는 공정성과 포용성, 차별 배제, 접근성 제공, 인간 중심, 복지 등과 관련됩니다. 두 번째, '책무성'은 책임 분배를 명확하게 하고, 발생할 수 있는 문제에 대한 대안 수립을 통해, '특정 이해당사자가 수행한 행위나 의무에 관해서 설명하거나 행위 정당성에 대해서 답할 수 있는가?'를 의미합니다. 세 번째, '통제성'은 발생 가능한 오작동과 위험에 대해서 통제가 가능해야 한다는 것입니다. 네 번째, '투명성'은 불필요한 은닉기능 없이 인공지능의 모든 행동이 이해당사자가 이해할 수 있을 정도로 투명하고 설명이 가능하도록 하는 것입니다.

우리나라 인공지능 원칙에 따른 인공지능 개발자와 공급자의 윤리

인공지능 윤리 분야 전문가, 서울여자대학교 김명주 교수는 위의 인공지능의 원칙을 바탕으로 '인공지능 개발자와 공급자의 윤리' 가이드라인을 도출하였습니다.

먼저 '공공성' 원칙입니다. 기술 개발 시에는 사회적 차별 요소를 배제해야 한다고 하고 있습니다. 개발자는 지능정보 기술과 서비스 개발의 전 과정에서 성, 인종, 종교, 지역, 민족 등의 차이로 인한 근원적 차별을 배제한다는 것입니다. 또 공공성과 관련해서 지능정보사회에서 소외되거나 배제되기 쉬운 사회적 약자와 취약계층 등을 위해 접근성을 보장하고, 인공지능 기술이 사회의 문제 해결에 이용될 수 있도록 공공적 성격의 기술을 개발하도록 노력해야 한다고 설명합니다.

개발자의 윤리

'책무성' 원칙에서는 인공지능 개발자는 책임을 공유해야 해야 한다고 설명합니다. 최초 제품의 개발부터 이용에 이르기까지의 과정과 그 결과에 대해서 책임이 공유되어야 하는 것입니다. 또 개발자들 간에 정보 교류와 기술 갱신에 대해서 지속해서 참여함으로써 개발 시 발주자의 요구에 맞게 충실하고 공정하게 개발할 수 있도록 해야합니다. 제품을 만들 때는 국내외에서 도출된 품질 인증 기준을 충족할 수 있도록 해야 하고 윤리적인 절차를 이행하면서 연구하고 개발해야 합니다.

다음은 '통제성' 원칙입니다. 일반적인 상황뿐만 아니라 예외적인 상황에서 발생할 수 있는 다양한 문제에 대해서 종합적으로 검토해야 한다고 하고 있습니다. 또 기술과 서비스의 제어 가능성, 즉 통제성을 유지하기 위해서 개발된 제품에 대해 지속적인 품질 관리를 실시해야 한다고 분석했습니다.

그리고 안전과 사전 예방을 위해서 인공지능 개발 단계부터 알고리즘에 기술적 오작동과 위험에 대한 기술적 제어장치를 마련해야 한다고 강조 하였습니다.

마지막 '투명성' 원칙입니다. 인공지능은 예측하지 못하는 많은 상황이 발생할 수 있기 때문에, 위험에 대해서 적극적으로 예측하고

김명주 교수의 인공지능 개발자 및 공급자 윤리

인공지능 개발자 윤리	인공지능 공급자 윤리
1) 공공성(Publicness) • 사회적 차별요소 배제 • 사회적 약자 보호를 위한 접근성 보장 • 인공지능 기술의 공공성 확보 노력	1) 공공성(Publicness) • 공공의 이익에 부합하는 제품 공급 • 선한 의도를 가진 발주 • 상업적 이익과 공공적 기여 사이의 조화
2) 책무성(Accountability) • 책임의 공유 • 개발자들 간 정보교류와 기술갱신에 지속 참여 • 품질 인증기준의 충족 • 윤리적 절차를 충실히 이행하여 연구·개발	2) 책무성(Accountability) • 책임 공유 및 책임·보상 원칙의 마련 • 이용자 권리 보장 • 지능정보서비스의 자율 의사결정 조건 및 범위 확립 • 위험 예방을 위한 사회적 공론화에 참여
3) 통제성(Controllability) • 예외적 상황에 대한 종합적 검토 • 지속적 품질관리 실시 • 기술적 제어장치 마련	3) 통제성(Controllability) • 제품유통과정에서의 위험 통제 • 안전성 검증 및 통제 조치의 마련 • 이용자의 선택권 보장
4) 투명성(Transparency) • 위급 상황 시, 필요 데이터 제공 • 위험에 대한 적극적 예측 및 공급자와 공유	4) 투명성(Transparency) • 위험 관련 정보의 이용자 공유 • 이용자 정보의 부당한 이용 금지 • 사회적 영향평가 결과의 반영

발생할 수 있는 결과와 예측되는 부작용 등에 대해 공급자와 공유하도록 해야 한다고 언급했습니다.

공급자의 원리

공급자의 측면에서는 '공공성' 원칙에서 공공의 이익에 부합하는 제품을 공급하고 지능정보 기술 및 서비스 개발이 선한 의도를 가지고 개발자에게 발주되도록 해야 한다고 보았습니다. 또 상업적 이익과 공공적 기여 사이의 조화와 균형을 이루도록 해야 하며 이것을 기업 운영의 원칙으로 삼아야 한다고 제시하고 있습니다.

'책무성' 원칙과 관련해서는 인공지능 관련 제품의 보급 및 확산, 이용의 결과에서 발생하는 사회적 폐해에 대한 책임을 공유해야 한다고 하였습니다. 또 오작동과 사고 발생에 대해서 공정하고 합리적인 책임 보상이 될 수 있도록 보상 원칙을 마련해야 하고 인공지능 이용자의 권리를 보장해야 한다고 설명합니다. 또한 인공지능 관련 서비스의 자율적 의사결정과 관련하여 인간 선택의 위임에 대한 엄격한 조건과 방법을 확립하고, 위험 예방을 위해서 사회적 공론화도 적극적으로 참여해야 한다고도 하였습니다.

'통제성' 원칙에서는, 제품의 유통 과정에서 발생할 수 있는 위험요소를 파악해서 철저한 사전 검증을 실시해야 한다고 하였습니다. 또 안전성 검증 기준과 절차에 대한 표준화에 참여는 물론, 통제 조치를 마련 해야하며 인공지능 제품이나 서비스 이용에 있어서 이용자의 이용 선택권을 최대한 보장을 해줘야 한다고 분석했습니다.

끝으로 '투명성' 원칙에서 공급자는 인공지능 제품이나 서비스의 이용으로 인한 위험을 인지했을 때, 혹은 잠재적인 위험을 인지했을 때 이용자와 일반인들에게 고지하고 공유해야 합니다. 그리고 이용자 정보를 부당하게 이용하지 않아야 하며 개인정보 유출 방지, 프라이버시 보장이 필요하다고 설명합니다. 특히 부정적인 영향을 사전에 파악해서 그 결과를 인공지능 제품과 서비스 설계에 반영할 수 있어야 한다고 강조하고 있습니다.

책임성이 더 강하게 요구되는 인공지능 시대, 규제나 법이 아니라 왜 윤리가 제어의 도구로 강조되는지 궁금하신 분도 많을 것입니다. 규제나 법은 과거를 기초로 해 상존하는 틀 안에 새로움을 꿰 맞추려 하는 특성이 있습니다. 변하지 않는 것을 '안정'이라 본 것 입니다. 틀 안에 인공지능이 묶이면, 혁신이 발휘될 가능성 또한 낮아지게 됩니다. 인공지능의 궁극적인 목표는 '혁신'입니다. 기존의 틀을 깨고 창발성이 발휘될수 있는 환경이 필요한 것입니다. 그렇기 때문에 직업인에게 '인공지능 직업윤리'는 자율성 향유를 위한 선제적 방어수단이라고 할 수 있습니다.

일곱 번째 이야기

인공지능과 함께하는 미래

지금까지 인공지능 윤리와 관련된 다양한 주제들을 살펴보면서 알 수 있듯이, AI 윤리는 기술의 가치 그리고 가치가 반영되어 변화를 이루는 기술, 또 그와 관련된 모든 관계자와 기관의 윤리까지 모든 측면을 다루는 윤리입니다. 인공지능 자체에 윤리성이 보장되어야하고, 윤리 원칙을 정할 때도 인공지능의 전 단계를 고려해야 하며 여러 분야의 상황과 이해관계를 걸쳐 도출해내야 합니다. 또 인공지능으로 인해 파생될 이슈까지 예측해 관련 법 등의 후속적인 조치까지 필요하기 때문에 인공지능 윤리는 더 복잡하고, 어렵게 느껴질 수 있습니다.

　'아실로마 AI 원칙'에서는 '자기 복제가 가능한 AI도 사람의 통제 아래에 있어야 한다'는 내용이 포함되어 있습니다. 일본 인공지능학회에서는 '연구자가 갖추어야 할 윤리성을 AI도 준수해야 한다'는 윤리 지침을 내어놓았습니다. 유럽의회는 여기서 한 발 더 나아가 AI 로봇을 철저히 규제하기 위해 '전자 인격'으로 규정하는 결의 안도 통과된 바 있습니다.

하지만, 인공지능 윤리는 입체적이고 광범위한 특성 때문에 아직 명확하게 정리되지 않았고, 지금도 세계 곳곳의 정부, 기관, 인공지능 관련 기업 등을 중심으로 논의되고 발전되고 있습니다. 그렇다면 인공지능 윤리는 앞으로 어떤 방향으로 발전하게 될까요?

AI가 가져올 미래 변화

인공지능 윤리의 발전 방향을 고민하기 전, 인공지능의 발전 방향을 먼저 살펴보겠습니다. 인공지능 윤리는 인공지능 기술의 발전으로 어떠한 이슈가 발생했을 때, 그와 관련한 방향으로 논의되고 발전되는 양상을 보여왔기 때문입니다.

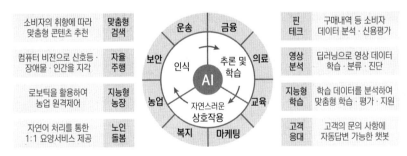

인공지능 시대 교육정책방향과 핵심과제(2020)

위의 그림은 우리나라 교육부에서 2020년에 발표한 '인공지능 시대 교육정책 방향과 핵심과제'를 정리한 것입니다. 맞춤 검색, 자율 주행, 지능형 농장, 노인 돌봄, 핀 테크 등의 다양한 분야에서 AI가 발전할 것이라고 분석하고 있습니다.

일본 경제 신문사가 출간한 'AI 2045 인공지능 미래보고서'라는 책이 있습니다. 이 책에서 제목의 '2045'라는 이 숫자는 구글의 레이 커즈와일(Ray Kurzweil)이 'AI가 인간의 지능을 뛰어넘는 특이점(singularity)을 맞이하는 2045년이 올 것이다'라고 예측한 것을 인용한 것입니다. 사람의 마음을 파고든 인공지능이 사회와 국가, 경제, 역사를 바꾸고 또 인공지능 스스로 인공지능을 만들어 내는 시기를 2045년으로 보고 있는 것입니다. 20년 남짓 남은 것처럼 느껴질 수 있지만 예측일 뿐이며, 인공지능의 발전이 빨라질수록 그 시기는 더 당겨질 수 있기에 먼 미래라고 할 수도 없습니다. 이 책에 소개된 하나의 예시를 살펴보자면 사무실에서 사용되는 로봇입니다. 영국 런던 북서부에 자리한 신도시 '밀턴 케인스'에는 트랜트포트 시스템즈 캐터폴드(The Transport systems catapult)라는 회사가 있습니다. 이 회사에서는 인공지능 로봇 '베티'를 사무실 수습 매니저로 채용했는데, 직원들은 베티의 채용을 재미로 여겼지만 약 2년이 지난 후 생각이 완전히 달라졌습니다. 베티가 직원의 인사 결정에도 참여하게 되었기 때문입니다.

앞서 소개한 예시처럼 인공지능이 우리 삶에 어떤 영향을 미칠지는 아무도 확실히 알 수 없습니다. 하지만, 그렇다고 우리 삶에서 인공지능을 거부 할 수도 없습니다. 구글의 AI 개발 책임자 그레그 코라도(Greg Corrado)는 "철학적 문제는 있지만 당장 눈 앞에 닥친 그런 위험은 크지 않다. 신기술의 위험을 둘러싼 논의는 마치 사다리를 만들면서 '달에 머리를 부딪히면 어쩌지?' 라고 걱정하는 것과 같다"라고 말한 바 있습니다. 그는 "오히려 무서운 것은 AI를 사용하는 사람과 사용하지 않는 사람 간의 격차가 벌어지는 것이다" 라는 말도 남겼는데, 이는 인공지능에 대한 논의도 중요하지만 이를 공유하고 활용할 수 있는 평등성이 중요하다는 것을 강조하고 있습니다. 인공지능이 인간을 뛰어넘는 세상이 오더라도 인간은 이를 오히려 효과적으로 활용하며 인공지능과 현명하게 공존하면 된다는 것입니다.

2018년 글로벌 컨설팅 회사인 맥킨지(McKinsey & Company)는 산업 전반에 인공지능을 응용한 400개 사례를 분석해 이들이 창출하는 잠재적 경제 효과를 전망한 보고서 '수백 가지 사용 사례에서 얻은 AI 프론티어 인사이트(Notes From The AI Frontier Insights From Hundreds Of Use Cases)'를 발표하였습니다.

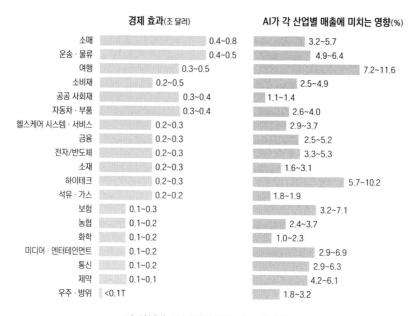

경제 효과(조 달러)		AI가 각 산업별 매출에 미치는 영향(%)
소매	0.4~0.8	3.2~5.7
운송 · 물류	0.4~0.5	4.9~6.4
여행	0.3~0.5	7.2~11.6
소비재	0.2~0.5	2.5~4.9
공공 사회재	0.3~0.4	1.1~1.4
자동차 · 부품	0.3~0.4	2.6~4.0
헬스케어 시스템 · 서비스	0.2~0.3	2.9~3.7
금융	0.2~0.3	2.5~5.2
전자/반도체	0.2~0.3	3.3~5.3
소재	0.2~0.3	1.6~3.1
하이테크	0.2~0.3	5.7~10.2
석유 · 가스	0.2~0.2	1.8~1.9
보험	0.1~0.3	3.2~7.1
농협	0.1~0.2	2.4~3.7
화학	0.1~0.2	1.0~2.3
미디어 · 엔터테인먼트	0.1~0.2	2.9~6.9
통신	0.1~0.2	2.9~6.3
제약	0.1~0.1	4.2~6.1
우주 · 방위	<0.1T	1.8~3.2

각 산업별 AI 잠재적 경제 효과 및 영향

이 보고서에 따르면 소매·여행·금융·농업 등 미국의 19개 전통 산업과 9개 비즈니스 영역에 AI 기술을 접목할 경우 연간 3.5~5.8조 달러의 경제적 효과를 창출할 것으로 추산되었는데, 소매 부문이 연간 최대 8,000억 달러로 가장 높은 효과를 창출할 것으로 전망한 가운데, 운송·물류, 여행, 소비재, 공공 사회재, 자동차·부품 부문 등이 두각을 드러낸 것으로 나타났습니다. 또 400개의 연구 사례 가운데 가장 영향이 컸던 AI 기술은 심층신경망(DNN: Deep Neural Network)으로 이를 활용해 매출과 비즈니스 성능을 향상한 것으로 분석되었다고 설명하였습니다.

①마케팅과 판매 ②공급망 관리·제조 ③위기 관리 ④서비스 운

영 ⑤제품개발 ⑥금융·IT ⑦기업 전략과 재무 ⑧인적자원 관리 ⑨ 기타 운영 등의 영역에서는 최대 2.6조 달러 등의 효과가 있는 것으로 조사된 것으로 밝히고 있습니다. 이와 같은 AI의 잠재적 경제 효과를 보더라도 AI는 단순한 기술 진보를 넘어 광범위한 산업과 사회 전반에 확산하며 경제적 부가가치를 창출하는 동력으로 작용하기 때문에 AI가 초래하는 기술·산업·사회 변화를 선제적으로 예측하고 AI의 긍정적 영향을 최대화할 수 있는 인프라 조성에 매진하는 등 능동적인 대응전략 마련은 필수적으로 필요하다고 전망했습니다.

2015년 설립한 미국의 비영리단체 'AI4ALL'이라는 단체의 홈페이지에 의미있는 문구가 있습니다. '인공지능이 세상을 바꿀 것이다. 인공지능은 누가 바꿀 것인가?(AI Will Change the world. Who Will Change AI?)'

이에 대한 답은 바로 우리입니다. '인공지능과의 공존' 방법을 고민하고 실천하는 주체는 우리, 인간이기 때문입니다.

인공지능과의 공존 전략

우리가 인공시대가 도래했음을 체감한 순간은 언제인가요? 전 세계적으로 이슈가 되었던 이세돌 9단과 알파고의 대국일 수도 있고 또 다른 일상에서의 순간일 수도 있습니다. 그동안의 익숙함을 깨고 인공지능이 모든 영역에 걸쳐 사회의 패러다임을 바꾸고 있는 지금, 우리는 무엇을 해야 할까요? '선택과 집중'이 아닐까요? 우리가 가장 잘 할 수 있는 것을 골라 최선을 다해야하는 것이 인공지능 시대를 대응하는 우리의 전략입니다.

① 인공지능 국가전략, AI 반도체

AI 반도체는 인공지능이 적용된 대표적 분야인 사물인터넷, 자율 주행차, 빅데이터 등에 공통으로 필요한 핵심 부품입니다. 그래서 인공지능(AI)·데이터 생태계의 핵심이자 반도체 산업의 격전지로 AI 반도체가 부각되며 이 기술을 초기 선점하기 위해 국가 간의 경쟁도 점점 치열해지고 있습니다.

세계적인 반도체 관련 회사 ASML의 피터 베닝크(Peter Wennink) 대표이사는 2022년 2월에 열린 '세미콘 코리아'에서 "2020년 기준 인터넷으로 연결된 기기 수는 약 400억대인데 10년 후엔 3,500억대가 연결될 것으로 추정된다"며 "이를 위해 반도체 산업이 엄청난 양의 데이터 수요를 충족시켜야 할 것"이라는 의견을 내놓기도 했습니다. IT(정보·기술)용 반도체 사용 주기는 1~2년으로 5~10년인 차량용 반도체 등 아날로그 반도체보다 교체 시기가 짧기 때문에 인공지능이 발전 될수록 반도체는 더 중요해질 것이라는 예측은 곳곳에서 나오는 실정입니다. 이미 세계 최고 수준의 반도체 기술을 보유하고 있는 우리나라가 AI 반도체 분야 시장에 뛰어든다면 어떤 결과를 기대할 수 있을까요?

과학기술정보통신부는 고성능 서버와 모바일·IoT 디바이스 분야에 적용할 수 있는 가능한 AI 반도체 개발을 목표로 2016년부터 연구개발을 주도해왔습니다. 2020년에 국내 기술로 신경망처리장치(NPU: Neural Processing Unit) 기반 AI 반도체가 개발하는 등 꾸준한 성과를 보이고 있습니다. AI 실행에 최적화된 고성능·저전력의 AI 반도체가 미래 AI 산업 경쟁력을 좌우하는 기술로 부각되고 있는데 서버용 초저전력 AI 반도체를 개발 하는데 성공하면서 'AI 반도체 1등 국가로의 도약'이라는 목표에 한 걸음 더 다가가게 된 것입니다.

또 2022년 산업부는 반도체 관련 대학 정원을 늘리고, 반도체 전문 교육과정을 신설해 매년 1,200명의 전문 인력을 길러내고 인공지능(AI)반도체, 전력반도체, 첨단 소부장, 패키징 등 주요 분야별로 전문화된 '반도체 대학원'을 지정하고 10년 이상 집중 지원하겠다는 계획을 밝히기도 했습니다. 한편 과학기술정보통신부 산하 정보통신산업진흥원에서(NIPA) 주관한 'AI 반도체 실증지원사업'을 통해 광주시가 공공 영역에서 사용할 수 있는 헬스케어 서비스에 국산 AI 반도체를 적용한 서비스 실증 체계를 처음으로 구축했다는 소식이 전해지기도 했습니다.

이처럼 우리 정부는 제품 상용화에 필요한 독자적 기술력과 실증사례를 확보할 수 있도록 지원하는 'AI 반도체 실증지원사업', 인력양성사업·기업 기술 개발 연구 지원 등 우리 AI 반도체의 경쟁력을 높이기 위해 범국가적으로 지원하고 있습니다.

② 인공지능 사용 환경 조성

인간의 편의를 위해 개발된 인공지능이 그 목적을 제대로 달성하기 위해서는 그에 맞는 환경 조성도 중요합니다. 공공데이터를 확보하고 개방해 활용할 수 있는 데이터 센터 등이 갖춰진 '인공지능 거점' 같은 인프라 구축이 하나의 예시가 될 수 있습니다. 또 인공지능에 대한 거부감을 줄이고 활용 능력을 높이기 위해 인공지능 활용 주체를 대상으로한 기초 교육이 필요합니다. 또 인공지능 산업을 이끌 수준 높은 인재를 양성하기 위해 필수 교육과정에 소프트웨어와 인공지능 교육을 확대하고 인공지능 관련 학과와 대학원 구축도 중요합니다. 인공지능이 사람 중심으로 작동하기 위한 윤리 규범을 만들고 인공지능 기반의 정보보호기술을 개발하는 일은 국가 전략 핵심 과제에 포함하는 등 우리 정부는 인공지능 환경 조성을 위해 정책을 마련하고, 현실화하기 위한 노력을 하고 있습니다.

인공지능이 바꿔 놓은 지난 10년을 뒤로하고 인공지능과 함께 완전히 새로워질 앞으로의 10년을 준비하고 있는 지금, 모두를 위한, 그리고 모두의 것이 될 인공지능을 꿈꾸며 우리가 세운 전략은 성공할 수 있을지 귀추가 주목됩니다.

인공지능의 한계

인간을 뛰어넘을 것이라 예상되기에 두렵기도 한 존재 인공지능. 무궁무진한 활용성과 발전 속도에 '인공지능의 한계는 없을 것이다'라고도 생각할 수 있지만 인공지능은 분명한 한계를 가지고 있습니다.

① 인공지능의 한계, 감정

사람은 생각하는 존재이고, 협력과 상상이 가능하지만, 인공지능은 상상도 할 수 없습니다. 인간은 출산도 가능하지만 인공지능은 출산은 불가능합니다. 무엇보다 인간과 인공지능의 가장 큰 차이는 바로 감정이라고 할 수 있습니다. 인간의 감정을 수치로 표현할 수 있을까요? 예를 들어서, 인간은 화남과 동시에 슬플 수도 있습니다. 이런 감정을 -10에서 +10 사이의 값으로 정확하게 표현할 수 있을까요? 반면, 인간과 달리 인공지능은 화냄은 +5, 슬픔은 +3 이렇게 감정이라는 것을 수치로 표현할 수 있습니다. 인간과 달리 인공지능에 감정은 설정된 수치로 인식되기 때문입니다.

이런 점에서 인공지능이 인간을 이해할 때 인간의 감정을 이해할 수 있을 것인가라는 의문이 생깁니다. 인간의 감정을 정확하게 분석을 해서 인공지능이 '입력(Input)'으로 받아들일 수 있으며, 그것에 대해서 어떤 결론을 내릴 수 있는지를 생각해 본다면 인간과 똑같은 메커니즘이 아니고는 힘들 것이라는 결론을 내릴 수 있습니다. 인간의 감정은 자신조차 정확히 깨달을 수 없을 만큼 복잡한 구조로

되어있습니다. 또 인간은 '무관계의 조합'이 가능합니다. 하나의 이슈를 두고 전혀 다른 것을 연상할 수 있는 것입니다.

인공지능은 학습 없이 인간을 따라 할 수 없습니다. 인공지능의 학습은 정교한 데이터를 기반으로 그 데이터를 분류하고 분석할 수 있어야 가능한 과정입니다. 인공지능이 사람의 감정을 최대한 비슷하게 가지려면 데이터 입력을 통해서 실제와 예측치의 편차를 줄여가는 학습 과정을 거쳐야 합니다. 그런데 이 과정은 사람에 의해서 진행될 수밖에 없습니다. 데이터의 입력, 알고리즘 설계, 학습 결과 반영 여부 그리고 개선, 이런 것들은 모두 다 사람이 수행해야 한다는 점에서 인공지능이 인간의 감정을 완전하게 이해하기에는 한계가 있는 것입니다.

인간은 머리로만 생각을 한 후에 그것을 '출력(Output)'으로 내어놓지 않을 수도 있지만, 인공지능은 그렇지 않습니다. 인간은 직관이 있을 수 있지만 인공지능은 수많은 데이터를 통해서 직관처럼 보이는 '출력(Output)'을 냅니다. 인간이 그리움이라는 감정을 바탕으로 그림을 그린다면, 인공지능은 그리움이라는 데이터를 통해서 그림을 그려냅니다. 아마 그리움에 대한 분석은 인간보다 인공지능이 더 뛰어날지도 모르지만 그리움의 감정으로 인간이 상상해 낸 모든 것을 인공지능이 모두 알아낼 수는 없을 것입니다. 왜 플라톤은 존재하는 것에 원인이 되는 이데아를 논하고 칸트는 선험적 인식과 대상의 인식을 연결하려는 노력을 한 것일까요? 그만큼 인간에 대한 이해는 그렇게 쉽게 풀이되는 것이 아니기 때문입니다. 미래에

'트랜스 휴먼(Trans human)'처럼 기계 칩을 사람의 두뇌에 인식해서 인공지능을 향상하고 거의 인간과 같은 인공지능이 개발되어서 이성·생각·감정 등이 더 이상 인간만의 전유물이 아닌 것처럼 되더라도 그 인공지능이 인간이 아닌 것은 분명합니다.

감정, 나아가 인간의 정신은 단순히 중추신경계에 국한되지 않고 있습니다. 인간의 정신은 어디에 있다고 정의하거나 기계의 수치화된 값으로 표현할 수도 없습니다. 이런 '인간 고유의 감정과 정신'은 인공지능과 인간의 가장 큰 차이점이자 인공지능의 절대적 한계라고 할 수 있습니다.

② 인공지능의 한계, 실수 대처 능력

인공지능에 인격을 부여하는 것은 결국 인간입니다. 인공지능 또는 로봇들에게 인격을 부여하고, 환경에 맞는 규범과 규칙을 만들어 인공지능 윤리를 만들어 가는 주체 역시 인간입니다. 여기에서 비롯된 인공지능의 윤리적 측면의 한계 중 하나는 '실수 대처 능력'입니다. 인공지능은 학습되지 않은 상황이나 불확실한 상황에 대처하는 능력이 낮다는 것입니다.

일례로 자율 주행에 의해서 운행하면서 사고가 난 사례를 들 수 있습니다. 자동차가 자율 주행 모드에서 차선과 방음벽에 의해 만들어진 그림자 선을 구분하지 못해서 사고가 난 사례가 있습니다. 또 공사 구간에서 차선이 잠시 끊기자 역시 차선을 인식하지 못해 사고가 난 사례도 있습니다.

이처럼 인공지능은 학습되지 않은 상황에서는 예상하지 못한 이상한 결과를 도출하는 한계가 있습니다. 인공지능의 학습 과정 자체가 실제 세계의 가능한 모든 경우를 대비하기 어렵기 때문입니다.

인공지능의 실수는 큰 문제가 될 수 있기에 인공지능은 결국 사람에 의해 검증되고, 이상 동작이 발생했을 때 사람이 개입할 수 밖에 없습니다. 이런 관점에서 봤을 때 인공지능은 아무리 완벽하더라도 인간에 의해 조정·관리 되는 기술적 존재라는 한계를 가지고 있습니다.

③ 인공지능의 한계, 낮은 설명력

인공지능은 설명이 어려운 블랙박스 구조로 설계된 기계입니다. 딥러닝(Deep Learning)학습을 통해 만들어지는 층과 연결망은 인간이 일일이 입력하는 것이 아닌데다가, 학습 시간만큼 연결망이 늘어나는 방식이어서 인간이 그 과정을 추적하기가 매우 힘듭니다. 그래서 인공지능에 의해서 나온 의사결정이나 출력 결과를 두고 인과관계를 설명하기 힘들다고 말합니다. 이것을 '낮은 설명력'이라고 부르는데 이는 인공지능의 또 다른 한계라고 할 수 있습니다. 전문가들은 이를 극복하기 위해서 '설명가능한 AI(Explainable AI)'가 필요하다고 전문가들은 지적하고 있습니다. 인공지능 의사결정 과정에 존재하는 편향이나 오류가 있을 때는 인간이 조종할 수 있도록 그 원인을 추적할 수 있도록 해야 하기 때문입니다.

인공지능은 인간을 닮은 지능에서 출발했습니다. 인간의 지능도 '어디까지이다' 라고 설명할 수가 없듯이 인공지능의 한계도 설명되지 않을 뿐만 아니라, 인간을 모방해서 만든 기계이기 때문에 당연히 한계도 있을 수밖에 없습니다.

인공지능의 한계에서 우리가 기억해야 할 것은 바로 우리 인간이 기술을 형성하는데 있어서 적극적인 역할을 해야 한다는 것입니다. 인공지능은 인간을 돕기 위해 만들어진 기술이기 때문에 이 기술이 가치 있게 사용될 수 있도록 핵심 가치, 인간 중심적 가치를 세우고 기술력과 윤리성을 바탕으로 발전시켜가야 한다는 것입니다.

인공지능 윤리 그리고 인공지능 인문학

인공지능 윤리의 핵심, 인간 중심적 인공지능

현재 국내외 학계, 기업, 정부 등에서 논의되고 있는 인공지능 윤리의 핵심은 '인간 중심적 인공지능'입니다. 인간 중심적 인공지능이란, 인공지능이 인간 생활에 대한 예측 결정에 미칠 수 있는 영향을 고려하면서 인간 중심적이고 신뢰할 수 있는 인공지능을 개발하고, 이익을 극대화하고, 또 위험을 최소화하며, 사회적 수용을 촉진할 수 있는 최선의 방안을 찾는 것을 의미합니다.

2019년 OECD에서 2019년에 발간한 '사회 속의 인공지능(Artificial Intelligence in Society)'이라는 보고서에서는 인간 중심적 인공지능의 핵심이 되는 공정하고 윤리적인 AI에 대한 개념이 철학적·법률적으로 어떻게 다른지 설명하고 있습니다.

① 철학적인 측면

철학적 개념에서 공정하고 윤리적인 AI는 '옳고 그름', '선과 악', '도덕성 개념'에 집중한다고 설명합니다. 윤리적 AI의 관점에서 철학적 이론은 크게 세 가지로 분류 됩니다.

- 인권 접근법-임마누엘 칸트(Immanuel Kant)의 접근법 : 프라이버시나 자유와 같이 특정 권리로서, 윤리에 대한 형식적인 원칙을 식별하는 것입니다. 인공지능 시스템이 준수해야 하는 규정으로 이러한 원칙을 보호합니다.
- 공리주의적 접근법-제레미 벤담(Jeremy Bentham)이나 존 스튜어트 밀(John Stuart Mill) : 경제적인 비용 분석을 토대로 인간 복지를 최대화하는 공공정책 수립에 집중하는 관점입니다. 인공지능 윤리에서 공리주의적 접근법은 '누구의 복지를 극대화할 것인가?'라는 문제가 제기됩니다. 예를 들어 개인, 가족, 사회 또는 정부, 제도 중 누구의 복지가 최대화 되는지를 논의할 수 있는 겁니다. 이러한 관점은 알고리즘 설계에 영향을 미칠 수 있습니다.
- 도덕 윤리적 접근법-아리스토텔레스(Aristoteles)의 이론에 근거 : 도덕 윤리적 접근법은 아리스토텔레스의 이론에 근거한 것으로 덕 윤리로써의 접근입니다. 사회가 삶의 가치를 위해서 부여해야 하는 '가치와 윤리적 규범'이라는 것에 집중하는 것인데, 이러한 관점은 '어떤 가치와 윤리적인 규범을 보호해야 하는가?'라는 문제를 제기할 수 있습니다.

② 법률적 측면

법적인 개념에서 윤리적인 AI는 '평등과 정의'라는 용어를 사용하여 '공정성'을 나타내고 있습니다. '공정성'은 개인의 인권적 평등을 의미하는 '개인의 공정성', 소속 집단과 상관없이 결과의 차이가 나지 않는 '집단 공정성'으로 분류할 수 있습니다.

인공지능 윤리는 어떠한 측면에서 그 개념을 파악하는지에 따라 관점이 달라집니다. 그렇기 때문에 인공지능 윤리는 규범으로써의 윤리, 덕으로써의 윤리, 공리주의로써의 윤리 등 서로 다른 윤리적 차원과 법적인 차원을 고려해 설계 단계 때부터 접근해야 합니다.

위의 기사는 2019년 1월 23일 미국 워싱턴 포스트지에 게재된 기고글 '우리는 인공지능을 윤리적으로 만들 수 있을까?'의 일부입니다. 이 기사의 기고자는 세계적인 투자 회사인 블랙스톤(Blackstone)의 공동설립자이자 CEO인 스티븐 A. 슈워츠먼(Stephen A. Schwarzman)입니다. 그는 인공지능이 우리가 상상할 수 없는 방식으로 세상을 바꿀 것이라면서, 인공지능의 기술 발전에 집중하는 것도 중요하지만 인공지능이 야기할 윤리적 문제와 혼란에 대비하기 위한 역량이 필요하다고 언급했습니다.

'인공지능의 놀라운 잠재력을 실현하려면 인공지능이 사회적 신뢰성을 높일 수 있는 방향으로 발전해야 하는데, 이를 위해서는 인공지능 윤리를 다루기 위한 프레임 워크가 있어야한다'고 강조했던 그는 몇 달 뒤인 2019년 6월, 영국 옥스퍼드대에 1억 5,000만 파운드(약 2213억원)을 기부합니다. 이 기부금은 대학 내 인공지능 윤리를 전문적으로 연구하는 기관을 설립하고 인문대의 허브 역할을 할 건물을 짓는 데 쓰인 것으로 알려졌습니다.

슈워츠먼 회장은 기부 배경을 다음과 같이 밝힌 바 있습니다.

"AI 기술은 향후 10~15년 안에 우리 삶을 완전히 바꿔놓을 폭발적인 힘을 지녔다. 우리 사회에 이로운 방향으로 기술이 도입될 수 있도록 제어할 수 있어야 한다. 우리가 어떤 기술을 활용할 것인지, 그리고 언제, 얼마나 빨리 그 기술을 도입할 것인지에 대한 건강한 토론이 필요하다는 것이 명백하다. 이는 아주 영리하고 균형 잡힌 방식으로 이뤄져야 한다. 옥스퍼드대는 인문학과 철학 분야에서 고유의 특성이 있어 딱딱한 과학자들이 하는 일을 보완해줄 수 있을 것이다."

옥스퍼드 대학 인문학부에 대규모 투자를 한 슈워츠먼의 회장의 투자는 시사하는 바가 분명합니다. 인공지능의 발전, 그리고 인간과의 공존을 위해서는 단순한 기술 개발이 아니라 철학적, 인문학적 접근과 연구가 필요하다는 것입니다.

인공지능 인문학

이러한 관점에서 인공지능 윤리 분야에서 새롭게 대두된 학문이 있습니다. 바로 '인공지능 인문학'입니다. 인문학은 인간과 인간의 근원 문제, 인간 문화와 가치 등을 연구하는 학문입니다. 앞서 언급했던 규범으로서의 윤리, 덕으로서의 윤리, 공리주의 차원의 윤리 등 서로 다른 윤리적 개념으로 이해하는데도 관련이 된다고 할 수 있습니다. 인공지능은 머신러닝, 딥러닝을 통해서 '지능'은 가질 수 있지만 인간과 같은 '지성적인 존재'가 될 수는 없습니다.

인공지능을 결과와 효율의 수단으로만 바라본다면 인공지능이 만들어내는 그늘을 보지 못할 수도 있습니다. 이를 방지할 수 있는 1차 제어수단이 사회 속 올바름을 알려주는 윤리에 대한 의식적인 각성입니다. 그리고 그 출발이 인문학입니다. 인공지능과 인간의 장점을 살려 '인공지능을 중심'으로 한 기술적인 도구와, 인간을 중심으로 한 '인문학적인 지성'을 토대로 미래 기술을 연구하는 것이 인공지능 인문학이라고 할 수 있습니다.

자연과학이나 사회과학이 경험적인 접근을 주로 사용하는 것과 달리 인문학은 사변적이고 비판적이고 분석적인 접근을 폭넓게 사용합니다. 따라서, 인공지능 인문학은 인공지능이 인간과 함께하는 현상 그리고 그것이 인간에게 미치는 영향과 사회, 문화의 변화 등에 대해서 탐구하려는 것이라고 할 수 있습니다.

이와 관련된 연구 사례는 스탠퍼드 대학교(Stanford University)에서 2019년에 설립한 '인간중심 인공지능 연구소(Human-Centered AI Institute, HAI)'에서 찾아볼 수 있습니다. 이곳에서는 인공지능 개발자, 인문학자, 사회과학자, 심리학자, 법학자 등이 협업해 인간과 공존하며 생산성과 삶의 질을 향상할 수 있는 인간중심의 인공지능 기술과 응용 분야들을 연구하고 있습니다.

※ 인간중심 인공지능 연구소(Human-Centered AI Institute, HAI)

> **주요 연구 주제**
> * 인공지능 개발자, 인문학자, 사회과학자, 심리학자, 법학자들이 협업
> * 인간과 협업적이며 생산성과 삶의 질을 향상시킬 수 있는 인간 중심의 인공지능 기술과 응용 분야 연구
> * 공지능으로 인간을 이롭게 하는 사례, 정책, 교육, 진보된 인공지능에 대해 연구

인공지능은 인간을 닮은 지능적인 기계를 만드는 일종의 '역공학(Reverse Engineering)'이라고 할 수 있습니다. 그렇기 때문에 개발적인 측면에서도 인간과 인간의 근원 문제, 인간 문화와 가치 등을 연구하는 인문학이 필수적으로 필요합니다. 특히 윤리적 측면에서 인간에 대한 이해는 매우 중요한 부분이라고 할 수 있습니다.

첨단기술과 인문학이 만나 인간을 생각하며 발전할 때, 윤리적인 인공지능이 만들어질 것이고 이 윤리적인 인공지능이 인간과 공존하며 이롭게 활용되는 이상적인 인공지능 시대를 마주하게 될 것입니다. 결국, 인문학과 인공지능의 융합은 거스를 수 없는 시대의 흐름입니다. 인공지능이 무한한 발전을 거듭해 갈수록 휴머니즘을 탐구하는 인문학의 가치도 올라갈 것입니다. 인공지능을 논할 때 인문학적인 측면에서 접근해야 한다는 것을 잊지 말아야 합니다.

인공지능 윤리, 그 다음은?

지금까지 인공지능 윤리에 대한 전반적인 이슈들을 살펴보았습니다. 사실 인공지능 윤리는 우리가 역사상 최초로 '필요로 하여 최초로 만드는 윤리'가 아닙니다. 과거 1차, 2차, 3차 산업혁명이 진행되며 사회 전반에 걸쳐 혁신이 일어날 때마다 나름대로 새로운 윤리들이 등장 했었습니다.

가장 가까운 예가 디지털 정보 혁명이라고 부르는 3차 산업혁명입니다. 전통적인 산업사회에서 정보화 사회로 전환될 때에도 새로운 윤리의 도입이라는 경험을 해본 적이 있습니다. 3차 산업혁명으로 발생한 정보사회에 필요한 윤리 중에 대표적인 것이 정보 윤리, 정보 통신 윤리, 사이버 윤리 등의 이름으로 불리기도 했던 '인터넷 윤리'입니다. 당시 윤리학자들은 새로운 인터넷 윤리의 근간이 되는 원칙과 원리를 도출한 후 그리고 이 원리와 원칙을 가지고 인터넷의 대중적 이용자였던 네티즌들이 따라야 하는 실질적 가이드라인을 제시하였습니다.

지금도 마찬가지입니다. 4차 산업혁명이 시작되고, 또 이로인해 인공지능이 주도하는 지능정보 사회로 전환되기 시작하면서 새롭게 필요한 인공지능 윤리도 앞선 인터넷 윤리와 동일한 과정을 밟으면서 논의되고 도출될 수 있습니다.

앞선 시대에서 인터넷 윤리는 당시의 혁신 신기술이었던 인터넷과 정보통신 기술의 매혹적인 특징과 역기능 문제점들을 기반으로, 필요한 윤리의 대원칙을 추출했습니다. 전문가마다 크고 작은 차이가 있었지만, 리차드 스피넬로(Richard A. Spinello) 박사의 경우에 인터넷 윤리의 4대 원칙으로 자율성, 선행, 정의, 해악 금지를 제시한 바 있습니다. 마찬가지로 새로운 인공지능 윤리에서도 인공지능이라는 혁신 신기술의 매혹적인 특징과 역기능 등의 문제점을 기반으로 하여 공통된 대원칙을 먼저 추출하고, 인공지능 개발자 뿐만 아니라 이용자, 그리고 이들 사이에 존재하여 중개해 주는 도입자 또는 사업자 등 다양한 구성원들의 관점을 고려해 인공지능 윤리 가이드라인을 제시하는 것이 필요합니다.

2020년, 우리나라에서는 과학기술정보통신부와 정보통신정책연구원에서 제정하고 '대통령 직속 4차산업혁명위원회'에서 심의·의결한, 인공지능 시대 바람직한 인공지능 개발·활용 방향을 제시를 목적으로 제정된 윤리 기준이 발표되었습니다.

▨ 범정부 인공지능 윤리 기준(2020)

> **(최고 가치)**
> 인공지능이 지향하는 최고가치를 '인간성(Humanity)'로 설정하고, '인간성을 위한 인공지능(AI for Humanity)'을 위한 3대 원칙·10대 요건 제시한다.
>
> **(3대 원칙)**
> '인간성을 위한 인공지능(AI for Humanity)'을 위해 인공지능 개발에서 활용에 이르는 전 과정에서 고려되어야할 기준으로 3대 기본원칙을 제시한다.

① 인간 존엄성 원칙
- 인간은 신체와 이성이 있는 생명체로 인공지능을 포함하여 인간을 위해 개발된 기계 제품과는 교환 불가능한 가치가 있다.
- 공익 증진을 위한 인공지능 개발 및 활용은 사회적, 국가적, 나아가 글로벌 관점에서 인류의 보편적 복지를 향상시킬 수 있어야 한다.

③ 기술의 합목적성 원칙
- 인류의 삶에 필요한 도구인 인공지능 기술은 사용자의 목적과 의도에 따른 고유한 목적과 수단적 가치를 지닌다.
- 인공지능은 궁극적으로 인간에게 도움이 되어야 한다는 목적에 맞도록 개발 및 활용 되어야 한다.
- 인류의 삶과 번영을 위한 인공지능 개발 및 활용을 장려하여 진흥해야 한다.

(10대 핵심요건)

3대 기본원칙을 실천하고 이행할 수 있도록 인공지능 전체 생명 주기에 걸쳐 충족되어야 하는 10가지 핵심 요건을 제시한다.

① 인권보장
- 인공지능의 개발과 활용은 모든 인간에게 동등하게 부여된 권리를 존중하고, 다양한 민주적 가치와 국제 인권법 등에 명시된 권리를 보장하여야 한다.
- 인공지능의 개발과 활용은 인간의 권리와 자유를 침해해서는 안 된다.

② 프라이버시 보호
- 인공지능을 개발하고 활용하는 전 과정에서 개인의 프라이버시를 보호해야 한다.
- 인공지능 전 생애주기에 걸쳐 개인 정보의 오용을 최소화하도록 노력해야 한다.

③ 다양성 존중
- 인공지능 개발 및 활용 전 단계에서 사용자의 다양성과 대표성을 반영해야 하며, 성별·연령·장애·지역·인종·종교·국가 등 개인 특성에 따른 편향과 차별을 최소화하고, 상용화된 인공지능은 모든 - 사람에게 공정하게 적용되어야 한다.

- 사회적 약자 및 취약 계층의 인공지능 기술 및 서비스에 대한 접근성을 보장하고, 인공지능이 주는 혜택은 특정 집단이 아닌 모든 사람에게 골고루 분배되도록 노력해야 한다.

④ 침해금지
- 인공지능을 인간에게 직간접적인 해를 입히는 목적으로 활용해서는 안 된다.
- 인공지능이 야기할 수 있는 위험과 부정적 결과에 대응 방안을 마련하도록 노력해야 한다.

⑤ 공공성
- 인공지능은 개인적 행복 추구 뿐만 아니라 사회적 공공성 증진과 인류의 공동 이익을 위해 활용해야 한다.
- 인공지능은 긍정적 사회변화를 이끄는 방향으로 활용되어야 한다.
- 인공지능의 순기능을 극대화하고 역기능을 최소화하기 위한 교육을 다방면으로 시행하여야 한다.
- 인공지능은 인간의 생명은 물론 정신적 및 신체적 건강에 해가 되지 않는 범위에서 개발 및 활용되어야 한다.
- 인공지능 개발 및 활용은 안전성과 견고성을 갖추어 인간에게 해가 되지 않도록 해야 한다.

② 사회의 공공선 원칙
- 공동체로서 사회는 가능한 한 많은 사람의 안녕과 행복이라는 가치를 추구한다. 인공지능은 지능정보사회에서 소외되기 쉬운 사회적 약자와 취약 계층의 접근성을 보장하도록 개발 및 활용되어야 한다.

⑥ 연대성
- 다양한 집단 간의 관계 연대성을 유지하고, 미래세대를 충분히 배려하여 인공지능을 활용해야 한다.
- 인공지능 전 주기에 걸쳐 다양한 주체들의 공정한 참여 기회를 보장하여야 한다.
- 윤리적 인공지능의 개발 및 활용에 국제사회가 협력하도록 노력해야 한다.

⑦ 데이터 관리
- 개인정보 등 각각의 데이터를 그 목적에 부합하도록 활용하고, 목적 외 용도로 활용하지 않아야 한다.
- 데이터 수집과 활용의 전 과정에서 데이터 편향성이 최소화되도록 데이터 품질과 위험을 관리해야 한다.

⑧ 책임성
- 인공지능 개발 및 활용과정에서 책임주체를 설정함으로써 발생할 수 있는 피해를 최소화하도록 노력해야 한다.
- 인공지능 설계 및 개발자, 서비스 제공자, 사용자 간의 책임소재를 명확히 해야 한다.

　

인공지능 기술의 개발부터 활용에 이르는 전 단계에 참여하는 모든 사회구성원을 대상으로 하는 '인공지능 윤리기준'은 인공지능 윤리 쟁점을 논의하고 인공지능 윤리의 실천 방안을 마련하는 기본이 되고 있습니다.

3차 산업혁명의 산물인 정보화 사회에서 인공지능이라는 혁신 신기술 중심의 4차 산업혁명으로 인한 지능정보 사회로 전환될 때 그 무엇보다도 중요한 것은 윤리 공론화 과정입니다. 사회 구성원들 대다수가 그 필요성을 공감하지 못하는 윤리를 제시한다는 것은 무의미합니다. 만일 공론화의 장이 사회 전반에 걸쳐 형성되지 않는다면, 인공지능 윤리에 대한 논의가 일부 전문가들에 한정된 논의에 머무른다면 진전을 멈추게 될 것이고 우리 모두의 손해로 남을 것입니다. 이미 인공지능을 기반으로 한 지능 정보 사회는 세계 곳곳에서 진전되고 있고 이에 필요한 인공지능 윤리에 대한 논의도 급물살을 타는 추세입니다.

인공지능에서 윤리를 어떻게 구현할 것인가는 결국 인공지능 소프트웨어나 로봇이 특정 상황이나 사회적 이슈, 환경에서 어떻게 행동하게 할 것인가에 대한 대답을 구하는 것입니다. 이는 수 많은 사회, 정치, 기업, 문화 상황에서 제시되는 이슈에 대한 윤리 문제를 고민하는 응용 윤리학의 영역이라고도 생각할 수 있습니다. 인공지능 윤리라는 주제에 접근하기 어려운 점은 메타 윤리학의 과학적 접근과 해석, 규범 윤리학이 오랫동안 연구한 원칙들을 반영해, 응용 윤리학에서 대답하고자 하는 문제에 대해 인공지능이 어떻게 행동하거나 표현하게 할 것인가를 다루어야 하기 때문입니다.

인간은 두 종류의 의사 결정 시스템을 갖고 있습니다. 하나는 본능적이고 감정에 의한 시스템으로 이는 무의식적으로 이루어진다. 두 번째 시스템은 숙의적 추론 또는 숙의 시스템이라는 의사 결정 시스템입니다. 키스 애브니(Keith Abney)에 따르면, 숙의 시스템은 선택 가능한 미래를 의식적 표현으로 구조하는 능력이며 어떤 표현이 우리가 경험하고자 하는 현실이기를 바라는 것인가에 따라 행동을 선택 가능한 것을 의미한다고 합니다. 다시 말하면 숙의 시스템은 도덕적 프로세스를 포함하는 것입니다.

결국, 인공지능의 윤리 문제는 바로 인공지능 안에 이 숙의 시스템을 어떻게 구현할 것인가의 문제가 된다. 숙의적 추론이 가능하지 않은 사람에 대해서 우리는 윤리적 판단을 하지 못하는 사람으로 간주하기 때문에, 숙의 시스템의 유무는 바로 인간뿐만 아니라 인공지능의 윤리 기능 또는 윤리 엔진의 유무에 대한 기본 검토가 될 될 것입니다.

인공지능 윤리적 관점의 분석과 대안에 대한 논의 과정은 과도기인 지금 꼭 필요합니다. 윤리학자, 철학자, 법학자, 심리학자, 신경과학자 등의 다양한 분야에서 다 함께 깊이 있게 논의 하는 과정도 필요하지만 나 자신, 우리 그리고 보다 더 많은 사회구성원들이 관심을 가지고 적극적으로 공론화를 해야 윤리 담론을 성형하고 실효성을 발휘할 수 있습니다.

호모 사피엔스(Homo sapiens)의 사피엔스(sapiens)는 '지혜'입니다. 인간이 지켜온 가치인 도덕과 윤리가 곧 인간의 '지혜'이기도 합니다. 우리는 우리 힘으로 앞으로 맞이할 인공지능 시대를 지혜롭게 준비할 수 있어야 합니다.

마무리 하며

1996년, 이탈리아의 파르마 대학의 교수이자 신경심리학자인 자코모 리촐라티(Giacomo Rizzolatti)는 원숭이 뇌에서 이상한 반응을 발견했습니다. 한 연구원이 아이스크림을 들고 실험실로 들어서자, 원숭이의 뇌는 마치 자기가 아이스크림을 들고 있는 것처럼 반응한 것입니다. 다른 원숭이가 공을 던지고 받는 모습을 보았을 때도 자신이 직접 할 때처럼 반응하기도 했습니다.

자코모 리촐라티(Giacomo Rizzolatti)는 관찰자와 피 관찰자가 경험을 공유하는 현상, 강점 이입과 공감을 가능하게 하는 신경체계의 존재를 확인하였습니다. 이미지를 통해 타인의 마음을 마치 나 자신이 직접 경험하듯이 내적으로 시뮬레이션하며 이해하는 능력인 공감(empathy)을 가능하게 해주는 뇌 세포입니다, 이것 덕분에 인간은 뛰어난 공감 능력을 갖출 수 있게 되었습니다.

사실 이외에도 타인과의 소통, 협업, 창의성. 자기 인식 등 인공지능이나 로봇이 따라올 수 없는 인간 고유의 능력은 많습니다. 인간 행위의 핵심에는 어떠한 것에 대한 지각과 의도된 행위를 실현하는 동작 간의 조율(mediation), 혹은 협응(coordination)이 있고 이와 같은 협응은 우리가 특정한 행위를 한다고 의식하지 못하는 동안에도 작동하기 때문에 인공지능과 인간은 근본적으로 다르기 때문입니다.

인공지능 시대에 우리는 우리가 인간인 것에 더욱 집중해야 합니다. 인간의 존재 의의에 대해 탐구하고 생각하며 '인간다운 사고'를 하기 위해 노력해야한다는 뜻입니다. 인공지능이 강조될수록 '인문학'이 주목받는 것과 같은 맥락이라고 할 수 있습니다.

인공지능을 창조해낸 것도, 제어하는 것도 인간입니다. 다가오는 인공지능 시대, 인간만의 '인간다움'으로 인공지능과 현명하게 공존할 수 있기를 기대해봅니다.